Knorr®

Cooking for fun

südwest

Inhalt

Macht viel her:
Pikante Joghurttorte,
Seite 31.

Ganz einfach:
Geflügelfrikadellen,
Seite 84.

Schnell kochen,
lustvoll auftischen,
endlos genießen.

Angefangen ...

Zu den schönsten Dreh- und Angelpunkten unseres Privatlebens gehört der gedeckte Tisch. An ihm wird geredet, gelacht, gestritten und versöhnt, gegessen und getrunken. Hier lassen sich aufregende Streifzüge durch neue kulinarische Genusszonen machen. »Cooking for fun« vermittelt handfestes Koch-Know-how und beschreibt die kürzesten Wege zu gutem Essen. Nach dem Motto »schnell und supergut« hat Knorr* für dieses Buch seine besten Rezepte ausgewählt. Alle mehrfach erprobt mit Gelinggarantie! Denn Zeit ist kostbar.

* Die Anschrift und Telefonnummer des Verbraucherservices finden Sie auf jedem Knorr-Produkt.

1 Dinner for Love

Sinnliches Vergnügen für zwei: Gemeinsam kochen und essen.

Natürlich schmeckt ihr alles, was er kocht und umgekehrt. Schließlich geht die Liebe immer wieder durch den Magen. Da kann es nicht schaden, mehr als ein verführerisches Rezept auf Lager zu haben. Ein gutes Essen inspiriert und regt alle Sinne an. Also schnell die Lieblingszutaten des anderen herausfinden und einkaufen gehen. Soll das Dinner eine Überraschung werden, ist etwas Planung angesagt. Wenn nicht, bringt gemeinsames Shopping schon den ersten Kick. Ein Training beim Sternekoch ist für die Zubereitung garantiert nicht nötig, zwei linke Hände reichen.

Bandnudeln in Lauchcreme › Spaghetti-Pilz-Ragout › Crêpes mit Ratatouille › Zucchinipäckchen auf Tomatensugo › Gazpacho › Salatherzen mit karamellisierten Schalotten › Kartoffel-Linsen-Salat › Gefüllte Kräutersaiblinge › Lasagne al forno › Gebratener Spargel mit eingelegtem Schinken › Puten-Kräuterbällchen in Champignon-Rotwein-Soße › Fitness-Salat mit Cashewkernen und Papaya › Scharfes Hähnchen mit Chinakohl und Möhren

Bandnudeln in Lauchcreme

20 min

Zutaten für 2 Portionen

50 g roher Schinken in Scheiben
200 g Bandnudeln, Salz
100 g tiefgefrorene Erbsen
1 Beutel KNORR Feinschmecker Lauchcreme-Suppe
50 ml Schlagsahne
1 EL Zitronensaft
weißer Pfeffer, Parmesan im Stück

Schöne Gläser und eine Karaffe schmücken den Tisch – ganz gleich, ob sie mit Rotwein oder mit Saftschorle gefüllt sind.

Pro Portion

2675 kJ/640 kcal
26 g Eiweiß, 21 g Fett
86 g Kohlenhydrate

1. Den Schinken in sehr feine Streifen schneiden. Bandnudeln in 800 Milliliter kochendes, leicht gesalzenes Wasser geben und bissfest garen.
2. Erbsen zu den Nudeln geben und aufkochen. Beutelinhalt Lauchcreme-Suppe einrühren und etwa 2 Minuten kochen, ab und zu umrühren. Sahne dazugießen.
3. Schinkenstreifen zu den Nudeln geben und in der Lauchcreme erwärmen. Mit Zitronensaft und Pfeffer abschmecken. Vor dem Servieren mit frisch gehobeltem Parmesan bestreuen.

Tipp: Fischfans lassen den rohen Schinken einfach weg und peppen die Nudeln mit Räucherlachsstreifen auf.

Spaghetti-Pilz-Ragout

1. Pilze putzen. Champignons halbieren. Die Hüte der Shiitake-Pilze kreuzweise tief einschneiden. Pfifferlinge abtropfen lassen. Wurzelansätze der Frühlingszwiebeln abschneiden. Zwiebeln waschen und in feine Ringe schneiden.
2. Fett in einer Pfanne erhitzen, die Pilze darin goldbraun anbraten. Frühlingszwiebeln zugeben, kurz mitschmoren und mit Salz und Pfeffer würzen.
3. Sahne und 1/4 Liter Wasser zu den Pilzen geben, aufkochen und den Beutelinhalt Waldpilz-Suppe einrühren. Bei schwacher Hitze etwa 5 Minuten kochen, ab und zu umrühren.
4. In der Zwischenzeit Nudeln in reichlich Salzwasser bissfest garen. Schnittlauch zu den kochenden Nudeln geben und einige Sekunden mitgaren. Sofort in ein Sieb gießen, mit einer Gabel zu Nestern drehen und mit dem Pilzragout auf Tellern anrichten.

Topfgucken macht Laune. Mal sehen, wie aus einer Feinschmecker-Suppe und ein paar Pilzen eine cremige Pastasauce entsteht.

35 min

Zutaten für 2 Portionen

200 g Champignons
100 g Shiitake-Pilze
100 g Pfifferlinge aus dem Glas
2 Frühlingszwiebeln
1 EL Butter oder Margarine
Salz, weißer Pfeffer
150 g süße Sahne
1 Beutel KNORR Feinschmecker Waldpilz-Suppe
150 g dünne Spaghetti (Tagliolini)
1/2 Bund Schnittlauch

Pro Portion

3000 kJ/717 kcal, 18 g Eiweiß
40 g Fett, 73 g Kohlenhydrate

Crêpes mit Ratatouille

45 min

1. Mehl, Speisestärke, Eier, Salz, Milch und 50 Milliliter Wasser mit den Quirlen des Handrührgerätes auf der höchsten Schaltstufe zu einem glatten Teig verrühren. Einige Minuten zum Quellen stehen lassen.
2. Keimöl in einer beschichteten Pfanne erhitzen, 1/4 des Teiges hineingeben. Pfanne schwenken, damit sich der Teig verteilt. Crêpe von beiden Seiten goldgelb backen. Die restlichen Crêpes genauso zubereiten.
3. Paprikaschoten halbieren, entkernen, waschen, würfeln und in heißem Olivenöl andünsten. 1/4 Liter kaltes Wasser dazugießen, Fix für Ratatouille einrühren. Unter Rühren aufkochen und zugedeckt etwa 15 Minuten bei schwacher Hitze garen, ab und zu umrühren.
4. Die Crêpes mit dem Paprikagemüse füllen und aufrollen. Schafskäse zerbröckeln und darüber streuen. Mit Thymianblättchen garnieren.

Tipp: Zarte Crêpes oder Omeletts gelingen am besten in einer beschichteten Pfanne mit flachem Rand und einem schweren Boden.

Hauchdünne Crêpes zum Wenden auf einen Teller gleiten lassen. Dickere Eierkuchen können mit einem Bratenwender umgedreht werden.

Zutaten für 2 Portionen

100 g Mehl
50 g MONDAMIN Feine Speisestärke
2 Eier
1 Prise Salz
50 ml Milch
MAZOLA Keimöl zum Braten
400 g Paprikaschoten (rot, gelb und grün)
1 EL BERTOLLI Olivenöl extra vergine
1 Beutel KNORR Fix für Ratatouille
100 g Schafskäse (Feta)
frischer Thymian

Pro Portion

3000 kJ/717 kcal, 26 g Eiweiß
33 g Fett, 78 g Kohlenhydrate

Zucchinipäckchen

35 min

Ein toller Effekt: Die Zucchini der Länge nach in dünne Scheiben schneiden und mit Schafskäse belegt zu Päckchen binden.

Zutaten für 2 Portionen

1 mittelgroße Zucchini (ca. 200 g)
150 g Schafskäse (Feta)
1 kleine Zwiebel
1 EL MAZOLA Basilico
1 Packung KNORR Tomato al Gusto »Kräuter«
6 schwarze Oliven
Salz

Pro Portion

1480 kJ/354 kcal
16 g Eiweiß, 26 g Fett
12 g Kohlenhydrate

1. Zucchini waschen, putzen und auf einem Gurkenhobel oder mit einem Sparschäler der Länge nach in 16 dünne Scheiben schneiden. Den Rest fein würfeln. Jeweils 2 Zucchinischeiben kreuzweise übereinander legen.
2. Schafskäse in 8 Stücke teilen. Je 1 Stück Käse auf die Mitte der gekreuzten Zucchinischeiben geben. Zucchinischeiben über der Füllung zusammenlegen und mit Küchengarn zu kleinen Gemüsepäckchen zusammenbinden.
3. Zwiebel abziehen, fein würfeln und in heißem Basilico andünsten. Zucchiniwürfel und Tomato al Gusto dazugeben, unter Rühren aufkochen.
4. Zucchinipäckchen in den Tomatensugo setzen und im geschlossenen Topf 8 bis 10 Minuten garen. Oliven hinzufügen und mit Salz abschmecken.

Gut dazu: Baguette oder Ciabatta.

Gazpacho

1. 3 Scheiben Weißbrot in Wasser einweichen. Die Gemüse waschen, putzen und in kleine Würfel schneiden. Knoblauchzehen abziehen.
2. Das eingeweichte Brot mit den Händen ausdrücken. Von den Gemüsewürfeln 2 Esslöffel abnehmen und beiseite stellen. Restliches Gemüse mit ausgedrücktem Brot und Knoblauch mit dem Stabmixer pürieren. Tomato al Gusto untermischen, mit Salz und Pfeffer abschmecken und kalt stellen.
3. Weißbrot würfeln und in heißem Öl knusprig anbraten, abkühlen lassen. Kalte Gemüsesuppe mit Gemüsewürfeln und geröstetem Brot bestreut servieren.

Zutaten für 2 Portionen
4 Scheiben Weißbrot (Toastbrot)
300 g Gemüse (z. B. Paprikaschoten und Salatgurke oder Zucchini)
2 Knoblauchzehen
1 Packung KNORR Tomato al Gusto »Basilikum«
Salz
schwarzer Pfeffer
2 EL BERTOLLI Olivenöl extra vergine

Pro Portion
1195 kJ/288 kcal
7 g Eiweiß, 13 g Fett
35 g Kohlenhydrate

Macht Laune: Schon beim Gemüseschnippeln einen Schluck trinken und etwas knabbern. Zur Gazpacho schmecken mit Olivenöl beträufelte Brotscheiben.

25 min

Salatherzen mit karamellisierten Schalotten

1. Schalotten abziehen, mit 1 Esslöffel Basilico verrühren und in eine kleine Auflaufform geben. Den Zucker darüber streuen.
2. Schalotten im vorgeheizten Ofen bei 250 °C (Gas Stufe 5) in etwa 15 Minuten goldbraun karamellisieren. Mit Salz und Pfeffer würzen.
3. Den Salat putzen, waschen, trocknen und klein schneiden. Kresse waschen, trocknen und die Blätter abzupfen.
4. Salatkrönung® in eine Schüssel geben, mit 3 Esslöffel Wasser, 2 Esslöffel Basilico und Balsamessig verrühren.
5. Salat und Kresse auf den Tellern verteilen. Schalotten darüber geben und mit der Salatsauce beträufeln. Mit Croutinos® bestreuen und sofort servieren.

Tipp: Ergänzt man den Salat mit Streifen von geräucherter Putenbrust, kleinen Schinkenwürfeln oder zerbröckeltem Schafskäse und serviert dazu reichlich frisches Brot, ersetzt er locker ein Hauptgericht.

30 min

Schalotten schmecken so würzig wie Zwiebeln, aber etwas feiner. Nach einer Viertelstunde im Backofen glänzen sie goldbraun.

Pro Portion
1085 kJ/262 kcal, 4 g Eiweiß
20 g Fett, 15 g Kohlenhydrate

Zutaten für 2 Portionen
150 g Schalotten
3 EL MAZOLA Basilico
1 TL Zucker
Salz, weißer Pfeffer
200 g Salatherzen oder Eisbergsalat
50 g Brunnenkresse
1 Beutel KNORR Salatkrönung® »Würzige Gartenkräuter«
1–2 EL Balsamessig (Balsamico)
1 Beutel KNORR Salatkrönung® Croutinos® mit Paprika und Pinienkernen

Kartoffel-Linsen-Salat

40 min

Gesucht: ein neues Rezept für Kartoffelsalat. Gefunden: eine echt raffinierte Variante mit braunen Linsen und Olivenöl.

Zutaten für 2 Portionen

300 g fest kochende Kartoffeln
1 kleine Zwiebel
150 g braune Linsen aus der Dose
50 g Feldsalat oder Endivie
30 g durchwachsener Speck in Scheiben
1 Beutel KNORR Salatkrönung® »Gartenkräuter mit Knoblauch«
3 EL BERTOLLI Olivenöl extra vergine

Pro Portion

1675 kJ/402 kcal
8 g Eiweiß, 27 g Fett
30 g Kohlenhydrate

1. Kartoffeln mit der Schale in wenig Wasser weich kochen. Kartoffeln pellen und abkühlen lassen. Die Zwiebel abziehen und fein würfeln. Linsen in ein Sieb gießen, abspülen und abtropfen lassen. Salat putzen, waschen und abtropfen lassen.
2. Speck in Streifen schneiden und in einer Pfanne ohne Fett knusprig braten. Speck herausnehmen und die Zwiebelwürfel im ausgelassenen Speckfett braten.
3. Salatkrönung® mit 3 Esslöffel Wasser und Olivenöl verrühren. Kartoffeln würfeln, mit Linsen, Speck, Zwiebeln und der Hälfte der Salatsauce mischen.
4. Kurz vor dem Servieren den Kartoffel-Linsen-Salat mit dem Blattsalat auf Tellern anrichten. Salat mit restlicher Salatsauce beträufeln.

Tipp: Den Salat lauwarm servieren. Dazu Speck, Zwiebel, Linsen und Kartoffeln in der heißen Pfanne mischen und mit Feldsalat oder Endivie anrichten.

Gefüllte Kräutersaiblinge

1. Fische waschen, trocknen, innen und außen mit Zitronensaft beträufeln. Kräuter fein hacken, mit Zitronenschale vermischen, mit Salz und Pfeffer würzen. Die Bauchhöhlen der Fische damit füllen.
2. Zwei große Stücke Alufolie (säurebeständige Sorte) mit Keimöl bestreichen, die Fische darauf legen und einpacken. Ränder sorgfältig zusammendrücken.
3. Fischpäckchen nebeneinander auf ein Backblech legen und im vorgeheizten Backofen bei 225 °C (Gas Stufe 4, Umluft 200 °C) etwa 25 Minuten garen.
4. 1 Päckchen Soße nach Art Hollandaise in 150 Milliliter kaltes Wasser und den Wein einrühren, unter Rühren aufkochen. Butter in Stückchen unterrühren. Soße zu den Fischen servieren.

Gut dazu: Pellkartoffeln und Kopfsalat.

Zutaten für 2 Portionen

2 küchenfertige Saiblinge
(à 400 g; ersatzweise Forellen)
Saft und abgeriebene Schale
von 1/2 unbehandelten Zitrone
4 EL frische Kräuter
(z. B. Petersilie, Rosmarin, Thymian)
1–2 TL Meersalz, weißer Pfeffer
1 EL MAZOLA Keimöl
KNORR Soße nach Art Hollandaise
im 2er-Pack
50 ml Weißwein, 50 g Butter

Pro Portion

2290 kJ/547 kcal, 43 g Eiweiß
35 g Fett, 9 g Kohlenhydrate

Wie im Süden: Die Fische mit einem Rosmarinzweig und einigen Scheiben einer unbehandelten Zitrone füllen.

45 min

Lasagne al forno

50 min

1. Stiel- und Wurzelansatz der Zucchini abschneiden. Möhren schälen. Gemüse waschen, längs in Scheiben schneiden, in kochendes Salzwasser geben und 2 Minuten garen. Abgießen und kalt abspülen.
2. Hackfleisch in heißem Keimöl anbraten. 300 Milliliter kaltes Wasser dazugießen und Fix für Lasagne einrühren. Unter Rühren aufkochen und 1 Minute kochen lassen. Crème fraîche Sauce in 1/4 Liter kaltes Wasser einrühren, unter Rühren aufkochen und 1 Minute kochen.
3. In eine gefettete flache Auflaufform die Hälfte Hackfleischsauce geben, Lasagneplatten und Gemüse darauf schichten. 2/3 der Crème fraîche Sauce darüber geben. Restliche Lasagneplatten und Hackfleischsauce darauf geben. Mit Crème fraîche Sauce abschließen.
4. Mozzarella in Scheiben schneiden und darauf verteilen. Im vorgeheizten Ofen bei 200 °C (Gas Stufe 3, Umluft 175 °C) in 25 bis 30 Minuten goldbraun backen.

Abends keine Zeit? Null Problem. Die Lasagne morgens einschichten und kalt stellen. Vor dem Essen nur noch für eine halbe Stunde in den Ofen schieben.

Zutaten für 2 Portionen

200 g Zucchini, 200 g Möhren
Salz, 200 g Hackfleisch
2 EL MAZOLA Keimöl
1 Beutel KNORR Fix für Lasagne al forno
1 Beutel KNORR Feinschmecker Crème fraîche Sauce
6 Lasagneplatten (ohne Vorkochen)
125 g Mozzarella

Pro Portion

3925 kJ/940 kcal, 43 g Eiweiß
54 g Fett, 69 g Kohlenhydrate

Zur Lasagne schmeckt ein Salat aus 2 in Ringe geschnittenen gelben Paprikaschoten und 150 Gramm Lollo bionda, angemacht mit KNORR Salatkrönung® »Italienische Art«.

Ebenso edel wie einfach: frischer Spargel. Einheimischen gibt es von Ende April bis Ende Juni.

Gebratener Spargel mit eingelegtem Schinken

1. Spargel schälen, die Enden abschneiden. Die Stangen schräg in etwa 4 Zentimeter lange Stücke schneiden. Schinkenscheiben auf einer Platte anrichten, mit Olivenöl beträufeln. Kräuter hacken und darüber streuen.
2. Butter in einer beschichteten Pfanne erhitzen. Spargelstücke unter häufigem Wenden bei mittlerer Hitze etwa 10 Minuten braten, bis sie gar sind.
3. Limette auspressen. Sauce Hollandaise unter Rühren erwärmen. Mit Limettensaft abschmecken und in einem Schälchen anrichten.
4. Spargelstücke zum Schinken auf die Platte geben. Mit gehobeltem Parmesan garnieren und mit grob geschrotetem Pfeffer bestreuen.

Gut dazu: In Butter gebratene kleine Pellkartoffeln.

30 min

Zutaten für 2 Portionen

500 g Spargel
80 g spanischer Serrano-Schinken
1–2 EL MAZOLA Olivenöl extra virgen
1–2 EL frische Kräuter
(z. B. Petersilie, Schnittlauch, Kerbel)
1–2 EL Butter, 1 kleine Limette
1 Packung KNORR Sauce
Hollandaise (250 ml)
Parmesan im Stück
Pfeffer aus der Mühle

Pro Portion

1625 kJ/389 kcal, 14 g Eiweiß
32 g Fett, 10 g Kohlenhydrate

Puten-Kräuterbällchen in Champignon-Rotwein-Soße

Zutaten für 2 Portionen

200 g Putenschnitzel
1/2 Bund glatte Petersilie
2 Scheiben durchwachsener Speck
2 EL Haferflocken, 100 g Magerquark
Salz, Pfeffer, 2 EL MAZOLA Keimöl
200 g Champignons, 1 große rote Zwiebel
1/8 l Rotwein
KNORR Soße zu Geflügel im 2er-Pack

Pro Portion

2500 kJ/599 kcal, 38 g Eiweiß
38 g Fett, 18 g Kohlenhydrate

35 min

Ideal: Zum Trinken und zum Kochen denselben Rotwein verwenden.

1. Putenschnitzel würfeln, im Blitzhacker zu Hackfleisch verarbeiten. Petersilie waschen, trocknen und fein hacken. Den Speck würfeln. Alles mit Haferflocken und Quark vermischen, mit Salz und Pfeffer würzen.
2. Fleischbällchen von etwa 4 Zentimeter Durchmesser formen und im heißen Keimöl unter Wenden etwa 10 Minuten braten.
3. Champignons putzen und halbieren. Zwiebel abziehen und in Streifen schneiden. Putenbällchen aus der Pfanne nehmen und warm stellen.
4. Champignons und Zwiebelstreifen im Bratfett anbraten. 1/8 Liter Wasser und den Rotwein zugießen und aufkochen. 1 Päckchen Soße zu Geflügel einrühren.
5. Bei schwacher Hitze 5 Minuten kochen. Putenbällchen auf Teller geben und mit der Soße umgießen.

Gut dazu: Lockeres Kartoffelpüree.

Fitness-Salat mit Cashewkernen und Papaya

25 min

Zutaten für 2 Portionen

150 g Chicorée
80 g Feldsalat
1 reife Papaya (ca. 350 g)
2 EL Cashewkerne
1 Beutel KNORR Salatkrönung®
»Französische Art«
3 EL MAZOLA Keimöl
1 TL flüssiger Honig

Beim Einkaufen hellen Chicorée mit zartgelben Blatträndern wählen. Grüne Kolben hat das Licht verfärbt und sie sind weniger wertvoll.

Pro Portion

1030 kJ/247 kcal
4 g Eiweiß, 20 g Fett
12 g Kohlenhydrate

1. Chicoréekolben halbieren, den Stielansatz abschneiden. Chicoréehälften in dünne Streifen schneiden.
2. Feldsalat waschen, dabei die unansehnlichen Blättchen entfernen.
3. Papaya halbieren und die Kerne mit einem Esslöffel herauslösen. Die Frucht schälen und das Fruchtfleisch klein schneiden.
4. Cashewkerne unter Rühren in einer Pfanne ohne Fett rösten und grob hacken.
5. Salatkrönung® mit 3 Esslöffel Wasser, Keimöl und Honig verrühren. Salatzutaten mit der Salatsauce mischen und sofort servieren.

Scharfes Hähnchen mit Chinakohl und Möhren

1. Das Hähnchen in 8 Stücke teilen. Fix für Brathähnchen mit 4 Esslöffel Keimöl und Cayennepfeffer verrühren. Die Fleischstücke mit der Mischung bestreichen und in einer Pfanne in 1 Esslöffel Keimöl anbraten. Bei mittlerer Hitze etwa 30 Minuten braten.
2. In der Zwischenzeit Chinakohl putzen, waschen und in Stücke schneiden. Möhren schälen und in Streifen schneiden.
3. Kohl und Möhren in restlichem Keimöl 5 Minuten dünsten. 100 Milliliter Wasser zugießen, aufkochen und Hühner-Kraftbouillon einstreuen. Mit Sojasauce abschmecken. Hähnchenteile auf dem Gemüse anrichten.

Vorsicht beim Würzen: Cayennepfeffer heizt kräftig ein. Schon ein Löffelchen reicht für prickelnde Schärfe.

Gut dazu: Basmati- oder Thaireis.

Zutaten für 2 Portionen

1 Hähnchen (ca. 1 kg)
1 Beutel KNORR Fix für knuspriges Brathähnchen
6 EL MAZOLA Keimöl
1 TL Cayennepfeffer
200 g Chinakohl
150 g Möhren
1/2 TL KNORR Hühner-Kraftbouillon
1–2 TL Sojasauce

40 min

Pro Portion

4885 kJ/1173 kcal, 103 g Eiweiß
79 g Fett, 13 g Kohlenhydrate

Fit for 2Party

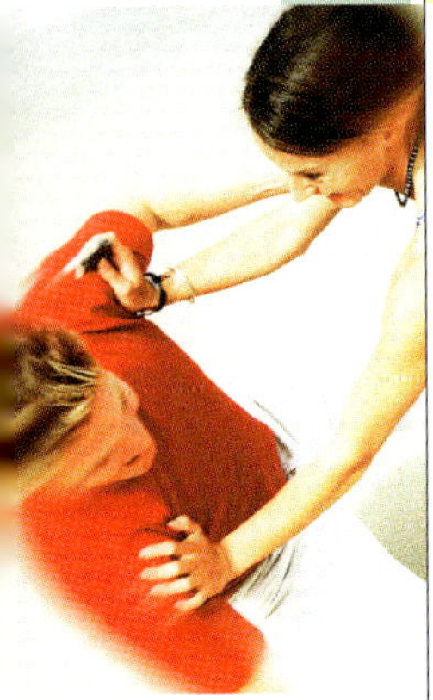

Genuss hoch drei: Nette Leute, super Stimmung, good food. That's party!

Salsa, Blues und etwas Glamour? Es ist wunderbar, wenn viele Freunde auftauchen und auf Tuchfühlung gehen müssen, damit der Platz für alle reicht. Also: Die Feten feiern, wie sie fallen, und ganz locker bleiben. Unkomplizierte Gastlichkeit schafft menschliche Nähe – eine Garantie für unbeschwertes Lachen und gute Gespräche. Irgendwann nach dem Abtanzen ist eine Stärkung fällig. Also den eigenen Schnell-Party-Service aktivieren und fix was Tolles auf den Tisch bringen. Mit den richtigen Rezepten kein Problem. Man muss nur wissen, was vielen schmeckt und für alle reicht.

Schnitzel-Snacks ⊙ Knackige Hack-Minis ⊙ Feta mit Würzpaprika ⊙ Gefüllte Teigschnecken ⊙ Knusprige Sesamhähnchen ⊙ Joghurttorte mit Lachs ⊙ Zwiebelsuppe mit Ingwer ⊙ Matjessalat auf Äpfeln ⊙ Minestrone mit Muscheln und Shrimps ⊙ Pizza »Picante« ⊙ Feldsalat mit Avocado und Grapefruit ⊙ Kartoffel-Tortilla mit frischem Thymian ⊙ Tortellini-Rucola-Salat mit Thunfischsauce

Schnitzel-Snacks

20 min

Zutaten für 12–16 Snacks

3–4 Putenschnitzel oder Schweineschnitzel (à ca. 150 g)
1 Beutel KNORR Fix für knuspriges Wiener Schnitzel
50 g geriebener Parmesan
3–4 EL MAZOLA Keimöl
1 Limette
3 Kumquats (Zwergorangen)

Pro Stück (bei 12 Snacks)

434 kJ/104 kcal
12 g Eiweiß, 4 g Fett
6 g Kohlenhydrate

Kumquats: Die pflaumengroßen Zitrusfrüchte kann man mit der Schale essen. Das Fruchtfleisch ist säuerlich-herb, die Schale eher würzig und süß.

Extrahart und sehr gut zu reiben: würziger Parmesan (ital. = parmigiano) aus reiner Kuhmilch.

1. Das Fleisch in mundgerechte Stücke schneiden und mit kaltem Wasser von beiden Seiten gut befeuchten. Fix für Wiener Schnitzel mit Parmesan vermischen.
2. Die Schnitzelchen in der Panade wenden, fest andrücken und im heißen Keimöl von beiden Seiten goldbraun braten.
3. Limette und Kumquats heiß abwaschen, in Scheiben schneiden und mit den Schnitzel-Snacks auf Tellern oder einer großen Servierplatte anrichten.

Tipp: KNORR Fix für Wiener Schnitzel statt mit Parmesan mit Kokosraspeln oder gehackten Mandeln vermischen.

Knackige Hack-Minis

1. Den Beutelinhalt Fix für Hackbraten in 1/8 Liter lauwarmes Wasser einrühren. Hackfleisch und Quark zufügen und mit einer Gabel gut vermischen.
2. Aus dem Teig walnussgroße Klößchen formen und im heißen Keimöl rundherum etwa 5 Minuten braten.
3. Mini-Klöße aus der Pfanne nehmen und noch heiß zuerst im verschlagenen Eiweiß, dann jeweils einen Teil in Mohn, Mandelblättchen, Sesamsaat oder den gehobelten Haselnüssen wälzen. Nochmals in die heiße Pfanne geben und goldbraun rösten.
4. Hack-Minis lauwarm oder kalt auf einer Platte anrichten.

Tipp: Die knackigen Minis lassen sich gut vorbereiten. Kühl lagern und mit Frischhaltefolie abdecken.

Nicht alles auslöffeln. Durch die Zugabe von Magerquark werden die Minis besonders locker und leicht.

Zutaten für ca. 30 Minis
1 Beutel KNORR Fix für Hackbraten
500 g Hackfleisch
100 g Magerquark
2–3 EL MAZOLA Keimöl
1–2 Eiweiß
1–2 EL Mohn
30 g Mandelblättchen oder gehobelte Haselnüsse
2 EL Sesamsaat

20 min

Pro Stück
295 kJ/71 kcal
4 g Eiweiß, 5 g Fett
2 g Kohlenhydrate

Feta mit Würzpaprika

30 min

1. Paprikaschoten waschen, halbieren und entkernen. Jede Hälfte der Länge nach in vier Streifen schneiden.
2. 2 Esslöffel Olivenöl erhitzen. Die Paprikastreifen mit der Hautseite nach unten für einen Augenblick in das heiße Öl legen. Herausnehmen und die Haut abziehen.
3. Knoblauchzehe abziehen und grob hacken.
4. Restliches Olivenöl erhitzen und die Paprikastreifen zusammen mit dem Knoblauch so lange darin schmoren, bis sie weich sind. Salatkrönung® unterrühren und die Paprikastreifen erkalten lassen.
5. Schafskäse in 24 Würfel schneiden. Mit den Paprikastreifen umwickeln und mit jeweils einem kleinen Holzspieß feststecken.

Tipp: Lässt sich gut vorbereiten.

Volltreffer: Paprikaschoten haben viele Vitamine, wenig Kalorien, kaum Fett und kein Cholesterin.

Zutaten für 24 Spieße
3 Paprikaschoten (rot, gelb, grün)
5 EL BERTOLLI Olivenöl extra vergine
1 Knoblauchzehe
1 Beutel KNORR Salatkrönung®
»Mediterrane Art«
200 g milder Feta (Schafskäse)

Pro Spieß
195 kJ/47 kcal, 2 g Eiweiß
4 g Fett, 2 g Kohlenhydrate

Hochwertiges kaltgepresstes Olivenöl schmeckt wunderbar aromatisch und wirkt beim Kochen wie ein Gewürz.

Gefüllte Teigschnecken

45 min

Geht gut: Der Quark-Öl-Teig für die Hackschnecken ist schnell gemacht und lässt sich leicht ausrollen.

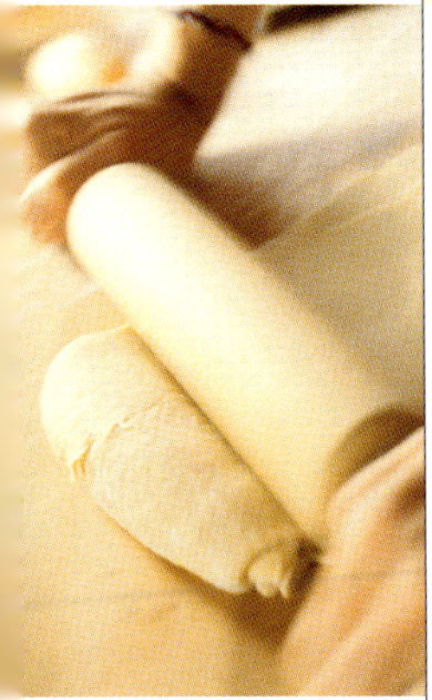

Zutaten für 18 Stück
400 g Broccoli, Salz
500 g Hackfleisch
10 EL MAZOLA Keimöl
1 Packung KNORR Tomato al Gusto »Champignon«, weißer Pfeffer
375 g Mehl, 2 TL Backpulver
250 g Magerquark
2–3 TL KNORR Kräuterlinge® »Italienische Kräuter«, 1 Ei

Pro Stück
890 kJ/214 kcal, 10 g Eiweiß
11 g Fett, 18 g Kohlenhydrate

1. Broccoli waschen, klein schneiden und in kochendem Salzwasser 5 Minuten garen. Das Gemüse abgießen und abtropfen lassen.
2. Hackfleisch in 2 Esslöffel heißem Keimöl krümelig braun anbraten. Tomato al Gusto unterrühren, mit Salz und Pfeffer abschmecken. Abkühlen lassen.
3. Mehl, Backpulver, Quark, restliches Keimöl, Kräuterlinge® und Ei zu einem glatten Teig verkneten.
4. Auf einer bemehlten Fläche ein Rechteck von 40 × 50 Zentimeter ausrollen, mit Hack und Broccoli belegen, von der langen Seite her aufrollen und in 18 Scheiben schneiden.
5. Schnecken auf ein mit Backpapier ausgelegtes Backblech geben. Im vorgeheizten Backofen bei 200 °C (Gas Stufe 3, Umluft 175 °C) 20 Minuten backen.

Gut dazu: Ein Dip aus 250 Gramm Quark, 3 Esslöffel MAZOLA Keimöl, 3 Esslöffel Schnittlauchröllchen, Salz, Pfeffer und etwas Zitronensaft.

Knusprige Sesamhähnchen

1. Fix für Brathähnchen mit Keimöl und Sesam verrühren, die Hähnchenschenkel damit bestreichen.
2. Stielansätze von Aubergine und Zucchini abschneiden. Beide Gemüse waschen und in große Stücke schneiden. Thymian waschen und trocknen.
3. Die vorbereiteten Hähnchenschenkel auf ein Backblech oder in eine große Auflaufform geben und im vorgeheizten Backofen bei 200 °C (Gas Stufe 3, Umluft 175 °C) 50 bis 60 Minuten garen.
4. Beide Gemüse salzen und pfeffern. 20 bis 30 Minuten vor Ende der Garzeit Gemüse und Thymian neben dem Fleisch auf dem Backblech verteilen und fertig garen.

Tolle Idee: Für eine Picknick-Party die Hähnchenschenkel direkt auf Aluschalen garen und zum Transport in Alufolie verpacken.

Zutaten für 6 Portionen

1 Beutel KNORR Fix für knuspriges Brathähnchen
5 EL MAZOLA Keimöl
2–3 EL Sesamsaat
6 Hähnchenschenkel (à ca. 200 g)
1 große Aubergine (ca. 500 g)
2–3 Zucchini (ca. 500 g)
1 Bund Thymian
Salz
schwarzer Pfeffer

1 h 10 min

Pro Portion

2025 kJ/485 kcal, 39 g Eiweiß
34 g Fett, 6 g Kohlenhydrate

Tipp: Gemüse und Hähnchenschenkel schmecken auch kalt. Dazu das noch warme Gemüse mit MAZOLA Basilico beträufeln und abkühlen lassen.

Joghurttorte mit Lachs

1. Kräcker zerbröseln, mit flüssiger Butter mischen. Den Rand einer Springform von 24 Zentimeter Durchmesser auf eine Tortenplatte stellen, die Bröselmischung auf dem Boden verteilen und mit den Händen zu einem festen Boden drucken.
2. Gelatine in kaltem Wasser einweichen. Joghurt und Mayonnaise verrühren, mit Meerrettich und Pfeffer abschmecken. Lachs in Streifen schneiden.
3. 3 Esslöffel Wasser in einem kleinen Topf erhitzen. Kräuterlinge® und ausgedrückte Gelatine darin auflösen. Einige Löffel von der vorbereiteten Joghurtcreme unter die Gelatinemischung rühren und zur restlichen Joghurtcreme geben.
4. Lachs mit den Krabben unterheben und die Creme auf dem Kräckerboden verteilen.
5. Die Torte 3 bis 4 Stunden, besser über Nacht, im Kühlschrank fest werden lassen. Zum Servieren den Springformrand entfernen. Torte mit Lachskaviar und Kopfsalatstreifen verzieren.

Tipp: Wer keinen Fisch mag, bereitet die Torte mit Würfeln von geräucherter Putenbrust zu und dekoriert mit Kirschtomaten und Gurkenscheiben.

30 min (ohne Wartezeit)

Macht viel her: Die pikante Joghurttorte sieht hinreißend gut aus und steht gern im Mittelpunkt.

Zutaten für 12 Stücke

120 g Kräcker
100 g Butter
12 Blatt weiße Gelatine
1 kg Vollmilchjoghurt
250 g Mayonnaise
1–2 EL geriebener Meerrettich
weißer Pfeffer
100–150 g Räucherlachs
2–3 TL KNORR Kräuterlinge®
»Gartenkräuter«
100–150 g Krabben
1 kleines Glas Lachskaviar
1 kleiner Kopfsalat

Stück
kJ/356 kcal, 10 g Eiweiß
Fett, 12 g Kohlenhydrate

Zwiebelsuppe mit Ingwer

35 min

Für 6 Portionen
150 g Staudensellerie
50 g frische Ingwerwurzel
2 Beutel KNORR Feinschmecker Zwiebelsuppe
2–3 Orangen

Pro Portion
405 kJ/97 kcal
3 g Eiweiß, 3 g Fett
13 g Kohlenhydrate

So easy: Die Orangen schälen und die Fruchtfilets mit einem scharfen Messer herausschneiden.

1. Staudensellerie waschen, eventuell vorhandene Fäden entfernen und das Gemüse in dünne Scheiben schneiden. Die Ingwerwurzel mit einem Sparschäler schälen und das Fruchtfleisch im Blitzhacker fein zerkleinern.
2. Etwa 1 1/2 Liter Wasser in einem großen Topf zum Kochen bringen. Sellerie und Ingwer in das Wasser geben und 5 Minuten kochen. Die Zwiebelsuppe einrühren und weitere 5 Minuten kochen.
3. Die Orangen so dick schälen, dass keine weiße Haut mehr zu sehen ist. Mit einem scharfen Messer die einzelnen Fruchtsegmente als Filets herauslösen und auf lange Holzspieße stecken.
4. Zum Servieren die Suppe mit den Orangenspießen anrichten.

Tipp: Am besten frische, saftige Ingwerwurzeln mit glatter Haut in der Gemüseabteilung des Supermarktes kaufen. Getrocknete Ingwerwurzeln und Ingwerpulver aus dem Gewürzglas sind kein vollwertiger Ersatz.

Matjessalat auf Äpfeln

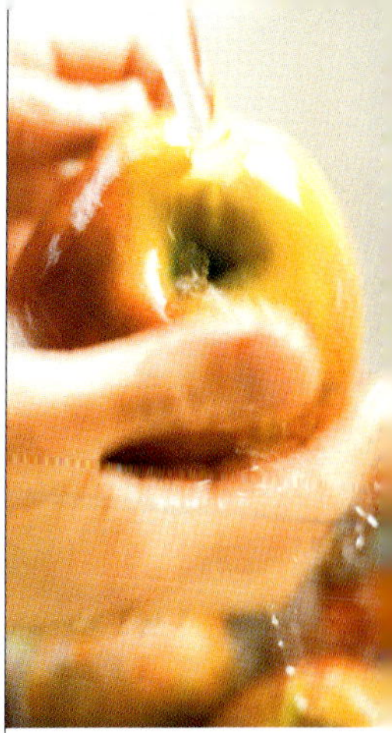

1. Die Äpfel waschen, mit einem Ausstecher entkernen und in fingerdicke Scheiben schneiden. In einer beschichteten Pfanne die Apfelscheiben portionsweise in insgesamt 6 Esslöffel heißem Keimöl anbraten.
2. Fischfilets schräg in Streifen schneiden. Die Gurke schälen, der Länge nach halbieren, entkernen und ebenfalls würfeln. Fischstreifen und Gurkenwürfel mischen.
3. Salatkrönung® mit 3 Esslöffel Wasser und restlichem Keimöl verrühren. Saure Sahne unterrühren und mit Pfeffer und Zucker abschmecken.
4. Die Apfelscheiben auf Portionstellern anrichten, die Fisch-Gurken-Mischung darauf häufen, Sauce darüber gießen. Mit Dill garnieren.

Säuerliche Äpfel wie Gravensteiner, Cox Orange oder Boskop passen am besten zum Fisch.

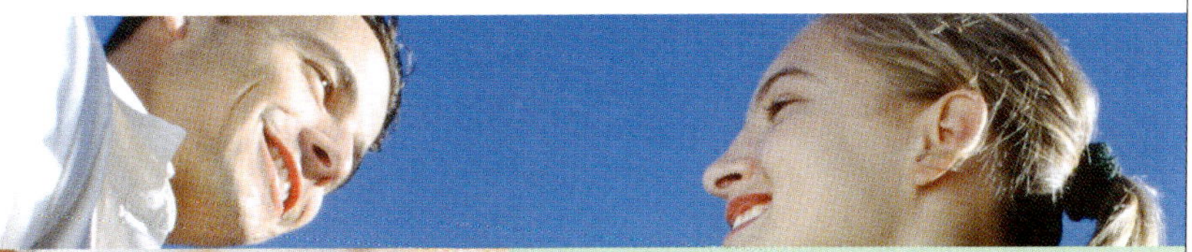

25 min

Für 8 Portionen

4 säuerliche rote Äpfel
9 EL MAZOLA Keimöl
8 Matjes- oder Heringsfilets
1 Salatgurke
2 Beutel KNORR Salatkrönung®
»Dill-Kräuter« oder
»Kresse-Kräuter«
200 g saure Sahne
Pfeffer aus der Mühle
Zucker
Dillzweige zum Garnieren

Pro Portion

1630 kJ/391 kcal, 16 g Eiweiß
30 g Fett, 15 g Kohlenhydrate

Minestrone mit Muscheln und Shrimps

40 min

1. Die Muscheln in kaltes Wasser legen und waschen. Geöffnete Muscheln, die sich bei Berührung nicht schließen, aussortieren.
2. Keimöl in einem Topf erhitzen. Zwiebel abziehen, fein hacken und im Öl andünsten. Mit Weißwein ablöschen.
3. Muscheln und 100 Milliliter Wasser zugeben. Zugedeckt etwa 10 Minuten garen, bis sich die Muscheln öffnen. Ungeöffnete Exemplare wegwerfen.
4. Muschelfleisch aus den Schalen lösen. Den Sud durch ein Sieb gießen, in einem Topf auffangen und mit Wasser auf 1 1/2 Liter auffüllen.
5. Knoblauchzehe abziehen und zerdrücken. Mit Zitronensaft und dem Beutelinhalt Gemüsesuppe in den Sud geben und etwa 10 Minuten kochen.
6. Muschelfleisch und Shrimps dazugeben, mit Kräuterlinge® abschmecken. Heiß servieren.

Gut dazu: Knuspriges Baguette.

Mit KNORR Kräuterlinge® zum Streuen ist die Minestrone einfach und schnell gut abgeschmeckt.

Zutaten für 8 Portionen

1 kg küchenfertige Miesmuscheln
2 EL MAZOLA Keimöl
1 Zwiebel
100 ml trockener Weißwein
1 kleine Knoblauchzehe
1 EL Zitronensaft
2 Beutel KNORR Suppenliebe® Gemüsesuppe »Italienische Art«
100 g Shrimps
KNORR Kräuterlinge® »Frühlingskräuter«

Pro Portion

515 kJ/123 kcal, 9 g Eiweiß
5 g Fett, 8 g Kohlenhydrate

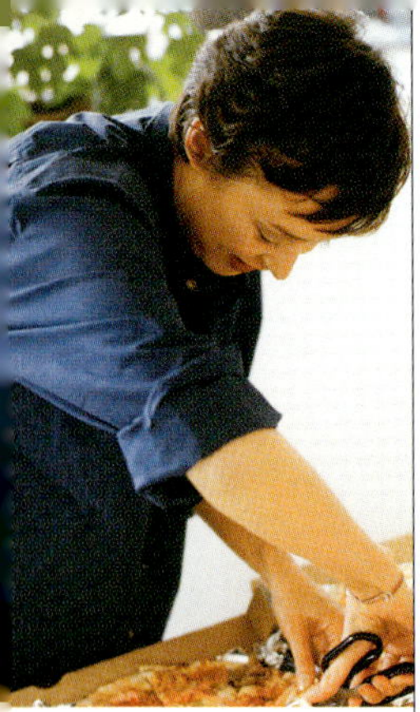

Pizza in Stücke schneiden. Das geht nicht nur mit Pizzaroller oder einem scharfen Messer. Hier hilft die Schere.

Pizza »Picante«

1. Kartoffeln waschen und mit Schale in Salzwasser 15 bis 20 Minuten garen. Kartoffeln pellen, abkühlen lassen und in Scheiben schneiden.
2. Den Inhalt beider Beutel Pizza-Teig in 1/4 Liter (250 Milliliter) lauwarmem Wasser und 2 Esslöffel Olivenöl verkneten. Teig auf einem gefetteten Backblech oder in 2 Pizzaformen ausrollen.
3. Tomato al Gusto auf einem Sieb etwas abtropfen lassen und auf dem Teigboden verstreichen.
4. Kartoffelscheiben auf dem Teig verteilen. Käse würfeln und zusammen mit den Rosmarinnadeln darüber streuen, mit restlichem Olivenöl beträufeln.
5. Pizza im vorgeheizten Backofen bei 200 °C (Gas Stufe 3, Umluft 175 °C) etwa 35 Minuten backen. Zum Servieren in Stücke schneiden.

Tipp: Wer häufig Pizza backt, kauft sich am besten einen kleinen Teigroller. Damit klappt das Ausrollen schnell und einfach.

45 min

Zutaten für 6 Portionen

750 g fest kochende Kartoffeln
Salz
1 Packung MONDAMIN Pizza-Teig
4 EL BERTOLLI Olivenöl extra vergine
2 Packungen KNORR Tomato al Gusto »Picante«
200 g Schafskäse (Feta)
1–2 TL Rosmarinnadeln

Pro Portion

1886 kJ/450 kcal
13 g Eiweiß, 20 g Fett
52 g Kohlenhydrate

Feldsalat mit Avocado und Grapefruit

Zutaten für 4 Portionen

150 g Feldsalat, 1 reife Avocado
2 EL Zitronensaft
2 rosa Grapefruits
1 Knoblauchzehe
1 Beutel KNORR Salatkrönung®
»Dill-Kräuter«
100 ml Schlagsahne
1 TL flüssiger Honig
200 g Shrimps

Pro Portion

1415 kJ/338 kcal, 11 g Eiweiß
25 g Fett, 15 g Kohlenhydrate

25 min

Bei Feinschmeckern stets willkommen: Shrimps. Die Tierchen sollten absolut frisch sein und nur nach Meer riechen.

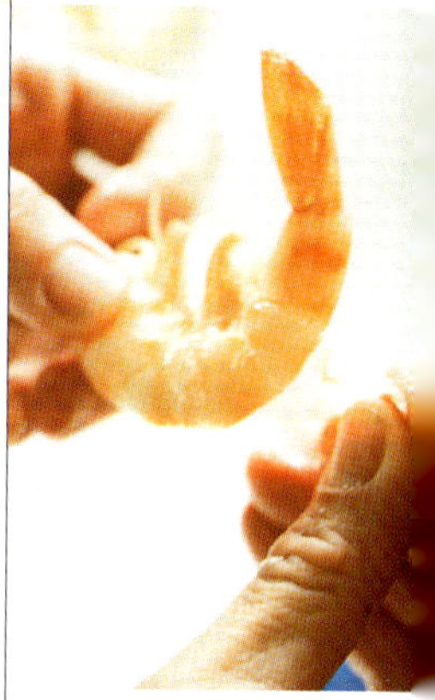

1. Unansehnliche Blätter aus dem Feldsalat entfernen. Den Salat waschen. Avocado halbieren, Stein entfernen. Das Fruchtfleisch schälen, in Stücke schneiden und mit Zitronensaft beträufeln.
2. Die Grapefruits so dick schälen, dass die weiße Haut vollständig entfernt wird. Die Segmente als Filets herausschneiden, den Saft dabei auffangen. Knoblauchzehe abziehen und durchpressen.
3. Salatkrönung® mit Sahne, 2 Esslöffel Grapefruitsaft, Knoblauch und dem Honig verrühren.
4. Salatzutaten und Shrimps auf Tellern anrichten und mit Salatsauce beträufeln.

Kartoffel-Tortilla

30 min

Zutaten für 6 Portionen

3 EL BERTOLLI Olivenöl extra vergine
1 Packung PFANNI Bratkartoffeln
1 Zwiebel
100 g Paprika- oder Plockwurst
3 Eier
3 EL Milch, Salz
frischer Thymian oder Petersilie
grob gemahlener schwarzer Pfeffer

Gut dazu: Blattsalate mit kleinen Tomatenwürfeln und einer würzigen Kräuter-Sauce.

Pro Portion

840 kJ/202 kcal
8 g Eiweiß, 14 g Fett
10 g Kohlenhydrate

1. In einer beschichteten Pfanne 2 Esslöffel Olivenöl erhitzen. Bratkartoffeln im geschlossenen Beutel etwas auflockern, in die Pfanne geben und bei starker Hitze 5 Minuten braten.
2. Die Zwiebel abziehen und fein würfeln, zufügen und glasig dünsten. Wurst würfeln, ebenfalls zufügen und mitdünsten.
3. Eier und Milch in eine Schüssel geben, mit einem Schneebesen verquirlen und salzen. Die Bratkartoffeln vorsichtig darunter heben, damit sie nicht brechen.
4. Restliches Olivenöl in einer kleinen beschichteten Pfanne von etwa 20 Zentimeter Durchmesser geben und erhitzen. Kartoffelmischung hineinfüllen, den Deckel auflegen und wie ein Omelett bei schwacher Hitze stocken lassen.
5. Omelett stürzen. Dafür einen entsprechend großen flachen Teller auf die Pfanne legen, mit der Hand festhalten und die Pfanne herumdrehen.
6. Zum Anrichten die Tortilla in mundgerechte Stücke zerteilen. Mit Thymianblättchen und grobem Pfeffer bestreuen. Lauwarm oder kalt servieren.

Tortellini-Rucola-Salat

1. Tortellini in Salzwasser bissfest kochen, in den letzten 3 Minuten der Garzeit die Erbsen mitkochen. Tortellini und Erbsen in ein Sieb gießen und mit 2 Esslöffel Keimöl vermischen. Abkühlen lassen.
2. Rucola putzen und klein schneiden. Avocado schälen, entkernen und das Fruchtfleisch würfeln. Zitrone auspressen und Avocadowürfel mit Zitronensaft mischen.
3. Salatkrönung® mit 3 Esslöffel Wasser und restlichem Öl vermischen. Abgetropften Thunfisch und Mayonnaise zufügen und mit dem Stabmixer zu einer cremigen Sauce mixen.
4. Die Salatzutaten in tiefen Tellern anrichten und mit der Thunfischsauce beträufeln.

Kommt an: Mit Pasta und Rucola haben sich zwei Trendsetter genüsslich vereint.

Für 6 Portionen

250 g getrocknete Tortellini, Salz
300 g tiefgefrorene Erbsen
5 EL MAZOLA Keimöl
150 g Rucola (Rauke)
1 Avocado
1 Zitrone
2 Beutel KNORR Salatkrönung®
»Mediterrane Art«
1 Dose Thunfisch im eigenen Saft
(Abtropfgewicht 135 g)
100 g Mayonnaise

25 min

Pro Portion

2565 kJ/614 kcal, 16 g Eiweiß
46 g Fett, 33 g Kohlenhydrate

3 Just for Family

Zeigt her Euren Braten … Der hier gelingt garantiert und begeistert nicht nur die Oma.

Die liebe Verwandschaft kommt? Mama, Paps, Oma und die anderen haben sich zum Essen angesagt? Bloß keine Panik! Man braucht weder ein Kochdiplom noch teure Zutaten oder Teller mit Goldrand, um als Gastgeber ganz groß rauszukommen. Es reicht, sich rechtzeitig zu informieren, was alle gern essen, und die passenden Rezepte auszusuchen. Mit einfachem Geschirr und frischen Blumen gelingen die schönsten Tische. Weil garantiert nicht jeder exotische Trendgerichte mag, lieber Klassiker wählen, die reichlich Eindruck schinden, aber mit links zu kochen sind. Zumal wohl niemand gern schon Tage vorher in der Küche stehen mag.

Gratin von Edelfischen › Schupfnudelsalat › Feine Fischterrine › Kasseler in Malzsoße › Kürbiscremesuppe › Spargelsuppe mit Räucherlachs › Kräuterrollbraten › Hähnchenbrustfilet Saltimbocca › Lammrücken mit Rotweinzwiebeln › Schollenröllchen auf Blumenkohl-Broccoli-Creme › Geschmortes Kaninchen mit Salbei und Pinienkernen › Krautbraten › Mini-Gemüseaufläufe

Gratin von Edelfischen

25 min

Zutaten für 6 Portionen

4 Stangen Staudensellerie
200 g Möhren
400 g Fischfilet
(z. B. Steinbutt und Wolfsbarsch)
2–3 EL MAZOLA Keimöl
12 ausgelöste Jakobsmuscheln
(frisch oder tiefgefroren)
2 Beutel KNORR Feinschmecker
Sauce Hollandaise, 250 g Butter

Pro Portion

2290 kJ/549 kcal
25 g Eiweiß, 45 g Fett
13 g Kohlenhydrate

Sieht toll aus: Die gewölbten Unterschalen der Jakobsmuscheln eignen sich gut als Portionsförmchen.

1. Falls nötig Fäden vom Sellerie abziehen. Möhren schälen. Die Gemüse waschen und schräg in Stücke schneiden. Fischfilet würfeln. Gemüsestücke im heißen Keimöl andünsten, 200 Milliliter Wasser zugießen.
2. Gemüsestücke in etwa 5 Minuten bissfest garen, herausnehmen und abtropfen lassen.
3. Fisch und Muscheln in den Gemüsefond geben und 2 bis 3 Minuten ziehen lassen. Herausnehmen und mit dem Gemüse auf sechs Portionsförmchen verteilen.
4. Den Sud abkühlen lassen. Feinschmecker Sauce Hollandaise einrühren und unter Rühren langsam aufkochen. Bei schwacher Hitze Butter stückchenweise unterschlagen. Sauce über den Fisch und das Gemüse geben. Unter dem vorgeheizten Grill kurz gratinieren.

Gut dazu: Kleine Petersilienkartoffeln.

Schupfnudelsalat

1. Stiel- und Blütenansatz der Zucchini abschneiden. Gemüse waschen und in dünne Scheiben schneiden. Schupfnudeln in 2 Esslöffel heißem Olivenöl etwa 5 Minuten braten, in eine Salatschüssel geben und abkühlen lassen.
2. Tiefgefrorene Erbsen im restlichen Bratfett etwa 2 Minuten dünsten. Zucchinischeiben und Zuckerschoten zufügen und das Gemüse noch 3 Minuten garen. Gemüse zu den Schupfnudeln geben und abkühlen lassen.
3. Salatkrönung® mit 3 Esslöffel Wasser und restlichem Olivenöl verrühren. Die Salatsauce mit dem Schupfnudelsalat vermischen.

Gut dazu: Gebratenes Hähnchenbrustfilet.

Davon darf es gern mehr sein! Der Schupfnudelsalat mit Zuckerschoten und Erbsen schmeckt super und ist in nur 15 Minuten fertig.

20 min

Zutaten für 4 Portionen

1 Zucchini (ca. 200 g)
100 g Zuckerschoten
500 g Schupfnudeln
(aus der Kühltheke)
4 EL BERTOLLI Olivenöl extra vergine
100 g tiefgefrorene Erbsen
1 Beutel KNORR Salatkrönung®
»Küchenkräuter«

Pro Portion

1030 kJ/248 kcal
8 g Eiweiß, 13 g Fett
24 g Kohlenhydrate

Feine Fischterrine

1 h 40 min

1. Das weiße Fischfilet würfeln und für etwa 30 Minuten ins Gefrierfach geben.
2. Fischwürfel portionsweise pürieren. Crème fraîche darunter rühren, mit Salz und Pfeffer kräftig abschmecken.
3. Lachs in fingerdicke Streifen schneiden. Kastenform von 16 Zentimeter Länge fetten und mit Alufolie auslegen. Fischpüree und Lachsstreifen einschichten, mit Alufolie bedecken. Die Form in ein mit Wasser gefülltes tiefes Blech setzen, in den vorgeheizten Backofen schieben und bei 170 °C (Gas Stufe 1–2) etwa 1 Stunde garen.
4. Terrine erkalten lassen und mit fein gehacktem Dill bestreuen.
5. Kräuterlinge® mit Mayonnaise verrühren, mit Salz und Pfeffer abschmecken. Zum Fisch reichen.

Tipp: Allein das wertvolle Eiweiß (Protein) vom rohen Fisch sorgt dafür, dass diese edle Terrine beim Garen schnittfest wird. Damit das Fischfilet seine Bindefähigkeit nicht vorzeitig verliert, beim Zerkleinern kühl halten und zügig arbeiten. Am besten gelingt's in der Küchenmaschine.

Gut dazu: Knuspriges Baguette. Wer mag, belegt zum Servieren die Teller mit dünnen Gurkenscheiben und richtet jeweils 1 Portion der Fischterrine darauf an.

Zutaten für 4 Portionen

500 g helles Seefischfilet,
(z. B. Kabeljau oder Lengfisch)
200 g Crème fraîche
Salz
weißer Pfeffer
150 g frisches Lachsfilet
2 Zweige Dill
1–2 TL KNORR Kräuterlinge®
»Gartenkräuter«
150 g Salatmayonnaise

Pro Portion

2010 kJ/481 kcal, 31 g Eiweiß
38 g Fett, 4 g Kohlenhydrate

Kasseler in Malzsoße

60 min

Zutaten für 6 Portionen
800 g Kasseler ohne Knochen
500 g Möhren
100 ml Malzbier
KNORR Soße zu Schweinebraten im 2er-Pack
2 EL Crème fraîche
Salz
weißer Pfeffer

Pro Portion
1030 kJ/245 kcal
30 g Eiweiß, 10 g Fett
7 g Kohlenhydrate

Gut dazu: Kartoffeln schälen, in wenig Salzwasser kochen, abgießen und in zerlassener Butter schwenken.

1. Kasseler mit 100 ml Wasser in einen Bräter geben und zudecken. Im vorgeheizten Backofen bei 200 °C (Gas Stufe 3, Umluft 175 °C) 15 Minuten schmoren.
2. Möhren schälen, in Stücke schneiden und zum Fleisch geben. Weitere 20 Minuten schmoren. Den Deckel entfernen und das Fleisch noch 15 Minuten bräunen.
3. Fleisch aus dem Bräter nehmen und warm stellen. 1/4 Liter Wasser und Malzbier zum Bratensatz gießen, den Bratensatz lösen und aufkochen.
4. 1 Päckchen Soße zu Schweinebraten einrühren und 1 Minute kochen lassen. Crème fraîche unterrühren. Malzsoße zum Schluss mit Salz und Pfeffer abschmecken.
5. Kasseler in Scheiben schneiden und zusammen mit den Möhrenstücken und der Sauce auf einer vorgewärmten Platte anrichten.

Kürbiscremesuppe

1. Den Kürbis schälen, entkernen und das Fruchtfleisch klein schneiden. Die Zwiebel abziehen, würfeln und im heißen Keimöl andünsten. Kürbiswürfel zur Zwiebel geben und kurz mitdünsten.
2. 1 Liter Wasser zum Gemüse gießen und den Kürbis zugedeckt bei schwacher Hitze in 15 Minuten weich kochen. Einige Kürbisstücke herausnehmen und zum Anrichten beiseite legen.
3. Restlichen Kürbis nochmals aufkochen, Gemüse-Kraftbouillon einstreuen. Die Suppe im offenen Topf 3 bis 4 Minuten kochen, mit dem Stabmixer fein pürieren. Mit Salz, Pfeffer, Zitronensaft und Nelkenpulver abschmecken.
4. Sahne halbsteif schlagen und kurz vor dem Servieren unterrühren. Die Suppe mit Kürbisstückchen dekorieren.

Gut dazu: Knusprige Knabbergebäckstangen, z. B. Grissini.

Zutaten für 4 Portionen
1,5 kg Kürbis
1 Zwiebel
2 EL MAZOLA Keimöl
2 EL KNORR Gemüse-Kraftbouillon
Salz
Pfeffer
1–2 EL Zitronensaft
1 Prise Nelkenpulver
200 ml Schlagsahne

Pro Portion
1135 kJ/273 kcal
6 g Eiweiß, 21 g Fett
14 g Kohlenhydrate

Die beiden haben gut lachen. Außerhalb der Kürbissaison gibt's nach gleichem Rezept eine Zucchinisuppe.

45 min

Spargelsuppe mit Lachs

1. Spargel schälen, die Enden abschneiden. Stangen in Stücke schneiden. Schalen und Abschnitte in 3/4 Liter kaltes Wasser geben, aufkochen und zugedeckt bei schwacher Hitze 10 Minuten kochen.
2. Spargelreste in einem Sieb abgießen, Spargelsud auffangen und mit Wasser zu 3/4 Liter Flüssigkeit auffüllen. Milch dazugießen und aufkochen. Spargelstücke zugeben und 8 bis 10 Minuten garen.
3. Spargel mit einem Schaumlöffel herausheben und die Spargelcreme Suppe in den kochenden Sud einrühren. Bei schwacher Hitze 1 Minute kochen.
4. Lachs in Streifen schneiden. Spargelstücke und Lachs auf Suppenteller verteilen, mit der heißen Suppe begießen. Mit gehackten Kräutern bestreuen und mit je 1 Esslöffel geschlagener Sahne servieren.

45 min

Stange für Stange ein Genuss. Beste Garantie für Frische und Topqualität bietet Ware vom Bauern aus dem nächstgelegenen Spargelanbaugebiet.

aten für 4 Portionen
g Spargel, 1/4 l Milch
utel KNORR Feinschmecker
gelcreme Suppe
g Räucherlachs
Kräuter (z. B. Petersilie,
nittlauch, Kerbel)
ml Schlagsahne

Pro Portion
1290 kJ/308 kcal
12 g Eiweiß
22 g Fett
17 g Kohlenhydrate

Kräuterrollbraten

1 h 40 min

Exotisch: Fleischbrät gegen die gleiche Menge Ananaswürfel austauschen und statt der Kräuter geriebenen Gouda darunter mischen.

Zutaten für 4 Portionen
750 g Putenbrust im Stück
3 Frühlingszwiebeln
5 EL gemischte Kräuter
4 EL Pistazienkerne, 1 Ei
125 g Brät (ungebrühte Bratwurst)
Salz, weißer Pfeffer, Muskat
abgeriebene Schale 1 unbeh. Zitrone
1–2 EL MAZOLA Keimöl, 100 ml Weißwein
1 Beutel KNORR Feinschmecker
Sauce Hollandaise, 100 g Butter

Pro Portion
2720 kJ/651 kcal, 54 g Eiweiß
44 g Fett, 6 g Kohlenhydrate

1. Putenbrust so einschneiden, dass eine große Fleischscheibe entsteht. Mit dem Handballen flach klopfen.
2. Wurzelansätze der Frühlingszwiebeln abschneiden. Zwiebeln waschen und in dünne Scheiben schneiden. Mit gehackten Kräutern, Pistazien und Ei unter das Brät mischen. Mit Salz, Pfeffer, Muskat und Zitronenschale würzen.
3. Füllung auf dem Fleisch verteilen, dabei rundherum einen kleinen Rand frei lassen. Fleischscheibe von der Schmalseite her aufrollen und mit Küchengarn verschnüren.
4. Öl in einem Bräter erhitzen. Das Fleisch darin von allen Seiten anbraten, mit Weißwein ablöschen. Zugedeckt etwa 50 Minuten schmoren. Bei Bedarf Wein nachgießen.
5. Braten herausnehmen und warm stellen. Fond durch ein Sieb gießen. Mit kaltem Wasser zu 1/8 Liter Flüssigkeit auffüllen. Sauce Hollandaise einrühren und aufkochen. Butter stückchenweise unterschlagen.

Hähnchenbrustfilet Saltimbocca

1. Die Filets der Länge nach durchschneiden, flach klopfen, salzen und pfeffern. Jede Filetscheibe in 1 Scheibe Schinken einschlagen, je 1 Salbeiblatt darauf geben und mit Holzstäbchen feststecken.
2. Filets im heißen Keimöl von jeder Seite etwa 3 Minuten braten. Herausnehmen und warm stellen.
3. Sauce Carbonara in 1/2 Liter kaltes Wasser einrühren, den Bratensatz damit ablöschen, unter Rühren aufkochen und bei schwacher Hitze 1 Minute kochen.
4. Petersilie hacken, zur Sauce geben. Die Sauce mit Wermut abschmecken, eventuell mit einem Stabmixer aufschäumen und zum Fleisch servieren.

Ob Fettuccine, Spaghetti oder Pappardelle – Nudeln brauchen Platz beim Kochen. Pro 100 Gramm rechnet man etwa 1 Liter Wasser.

Zutaten für 4 Portionen
4 Hähnchenbrustfilets (à ca. 150 g)
Salz
weißer Pfeffer
8 Scheiben Parmaschinken
8 große Salbeiblätter
3 EL MAZOLA Keimöl
2 Beutel KNORR Spaghetteria®
Sauce Carbonara
1 Bund Petersilie
2–3 TL Wermutwein

25 min

Pro Portion
1580 kJ/380 kcal, 44 g Eiweiß
19 g Fett, 6 g Kohlenhydrate

Lammrücken mit Rotweinzwiebeln

1 h 45 min

1. Zwiebeln abziehen. Knoblauchzehen abziehen und zerdrücken. Lammrücken mit Küchengarn zusammenbinden, salzen und pfeffern. Keimöl in einem Bräter erhitzen. Fleisch darin rundherum anbraten und herausnehmen.
2. Zwiebeln und Knoblauch im Bratfett andünsten, mit 400 Milliliter Rotwein ablöschen. Kräuterlinge® unterrühren. Im offenen Bräter 10 Minuten schmoren.
3. Fleisch zurück in den Bräter geben. Im vorgeheizten Backofen bei 200 °C (Gas Stufe 3, Umluft 175 °C) 20 bis 30 Minuten schmoren. Wenn die Flüssigkeit verkocht ist, noch etwas Rotwein zugießen.
4. Lammrücken herausnehmen, in Alufolie wickeln und 5 Minuten ruhen lassen. Rotweinzwiebeln aufkochen, die Soße mit Soßenbinder binden. Mit Petersilienblättern bestreut servieren.

Gut dazu: Kartoffelplätzchen.

Genießerfreude: Weinliebhaber trinken zum Lammrücken gern ein Glas guten trockenen Rotwein, z. B. aus Navarra oder Languedoc.

Zutaten für 6 Portionen

600 g sehr kleine Zwiebeln
2 Knoblauchzehen
1 kg Lammrücken (ausgelöst)
Salz
Pfeffer aus der Mühle
2 EL MAZOLA Keimöl
1 Flasche trockener Rotwein
1–2 TL KNORR Kräuterlinge®
»Kräuter der Provence«
2 TL MONDAMIN Fix-Soßenbinder, hell
1/2 Bund glatte Petersilie

Pro Portion

2025 kJ/485 kcal, 33 g Eiweiß
28 g Fett, 9 g Kohlenhydrate

Hier kocht der Chef – und macht es sich einfach, weil Fisch, Gemüse und Sauce zusammen in einer Auflaufform garen.

Schollenröllchen auf Blumenkohl-Broccoli-Creme

1. Schollenfilets der Länge nach halbieren, mit Zitronensaft beträufeln, mit Salz und Pfeffer würzen. Dill fein schneiden. Die Filetstücke mit Dill bestreuen, mit je 1 Scheibe Lachs belegen und aufrollen. Mit Holzspießchen feststecken.
2. Broccolistiele abschälen. Das Gemüse waschen, in kleine Röschen teilen, die Stiele würfeln. Broccoli in 1/4 Liter leicht gesalzenes kochendes Wasser geben und 2 bis 3 Minuten garen.
3. Broccoli in einem Sieb abtropfen lassen, das Kochwasser dabei auffangen und mit der Sahne aufkochen. Blumenkohl-Broccolicreme Suppe einrühren und bei schwacher Hitze 5 Minuten kochen lassen.
4. Broccoli, Schollenröllchen und Shrimps in eine große gefettete Auflaufform geben, die Suppe gleichmäßig darüber gießen. Im vorgeheizten Backofen bei 200 °C (Gas Stufe 3, Umluft 175 °C) 25 bis 30 Minuten garen.

Gut dazu: Reis, z. B. eine Mischung aus Langkorn- und Wildreis.

55 min

Zutaten für 4 Portionen
500 g frische Schollenfilets
2–3 EL Zitronensaft, Salz, weißer Pfeffer
1 Bund Dill, 8 kleine Scheiben Räucherlachs (160–200 g)
500 g Broccoli, 200 ml Schlagsahne
1 Beutel KNORR Feinschmecker Blumenkohl-Broccolicreme Suppe
100 g Shrimps

Pro Portion
1900 kJ/454 kcal, 42 g Eiweiß
27 g Fett, 10 g Kohlenhydrate

Geschmortes Kaninchen mit Salbei und Pinienkernen

Zutaten für 4 Portionen

1 Kaninchen (ca. 1,5 kg; ersatzweise 1 Poularde)
4 EL BERTOLLI Olivenöl extra vergine
Salz, schwarzer Pfeffer
Muskat
1/2 Bund Salbei
50 g Pinienkerne
2 Packungen KNORR Tomato al Gusto »Zwiebel«
50 ml Weißwein

Pro Portion

2520 kJ/603 kcal, 54 g Eiweiß
36 g Fett, 12 g Kohlenhydrate

1 h 15 min

Die glänzenden Samenkerne sitzen in den Zapfen der Pinie. Sie schmecken roh und geröstet.

1. Das Kaninchen mit einer Geflügelschere oder einem Messer in 8 bis 10 Stücke zerlegen. Olivenöl in einem Schmortopf erhitzen und das Fleisch darin von allen Seiten bräunen. Mit Salz, Pfeffer und Muskat würzen.
2. Salbeiblätter waschen, trocknen und mit den Pinienkernen zum Kaninchen geben. Tomato al Gusto und den Weißwein zufügen.
3. Bei schwacher Hitze etwa 50 Minuten zugedeckt schmoren.

Gut dazu: Knuspriges Baguette oder Polenta mit Parmesan.

Krautbraten

1 h 45 min

Zutaten für 4 Portionen

1 Kopf Wirsing oder Weißkraut (ca. 1 kg), Salz
1 Möhre, 1/2 Bund Petersilie
1 Beutel KNORR Fix für Hackbraten
250 g Hackfleisch
250 g Brät (ungebrühte Schweinsbratwurst)
1/2 TL Kümmel, gemahlen
4 dünne Scheiben durchwachsener Speck

Pro Portion

2505 kJ/599 kcal
29 g Eiweiß, 45 g Fett
20 g Kohlenhydrate

Gut dazu: Gekochte Kartoffeln mit gehackter Petersilie bestreut oder ein saftiger Kartoffelsalat.

1. Stielansatz und unansehnliche Blätter vom Kohl abschneiden. Den Kopf in Salzwasser bei mittlerer Hitze etwa 15 Minuten garen.
2. Etwa 12 äußere Blätter vom Kohlkopf ablösen. Restlichen Kohl in Streifen schneiden. Möhre schälen und raspeln. Petersilie waschen, trocknen und fein hacken.
3. Fix für Hackbraten in 1/8 Liter lauwarmes Wasser einrühren. Hackfleisch, Brät, Möhre, Petersilie und Krautstreifen untermischen. Mit Kümmel würzen.
4. Eine Kastenform von 30 Zentimeter Länge fetten und mit 3 bis 4 Kohlblättern auslegen. Fleischteig und Kohlblätter im Wechsel einschichten. Am Schluss mit Kohlblättern bedecken und mit Speckscheiben belegen.
5. Den Krautbraten im vorgeheizten Backofen bei 200 °C (Gas Stufe 3, Umluft 175 °C) etwa 60 Minuten garen.

Mini-Gemüseaufläufe

»Ob Opa merkt, dass in den Minis gar kein Fleisch drin ist?«

1. Wurzelansätze der Frühlingszwiebeln abschneiden. Frühlingszwiebeln waschen und in feine Ringe schneiden. Möhren schälen und reiben. Kartoffelpüree, Mehl, Röstzwiebeln, Backpulver, 1 Esslöffel Kräuter in eine Schüssel geben und gut mischen. Mit Salz und Pfeffer würzen.
2. Eier mit Milch in einer zweiten Schüssel verrühren. Gemüse-Kartoffel-Mischung mit dem Schneebesen in die Eiermilch rühren und 2 Minuten quellen lassen.
3. Den Boden von 4 Auflaufförmchen mit Pergamentpapier auslegen, die Ränder fetten. Mischung auf die Förmchen verteilen.
4. Förmchen in ein mit Wasser gefülltes tiefes Blech setzen und im vorgeheizten Backofen bei 200 °C (Gas Stufe 3, Umluft 175 °C) 25 bis 30 Minuten backen.
5. Zitronen Butter Sauce in 1/4 Liter (250 Milliliter) kaltes Wasser einrühren, unter Rühren aufkochen und bei schwacher Hitze 1 Minute kochen. Restliche Kräuter in die Sauce geben. Gemüse-Aufläufe aus den Förmchen lösen und auf Tellern anrichten. Die Sauce dazu servieren.

Zutaten für 4 Portionen

70 g Frühlingszwiebeln, 70 g Möhren
1 Beutel PFANNI Kartoffelpüree »Das Lockere« (3 Portionen)
100 g Mehl, 1 TL Röstzwiebeln
2 TL Backpulver
2 EL gemischte Kräuter
Salz, weißer Pfeffer
2 Eier, 300 ml Milch
1 Beutel KNORR Feinschmecker Zitronen Butter Sauce

Pro Portion

1393 kJ/333 kcal, 13 g Eiweiß
18 g Fett, 41 g Kohlenhydrate

45 min

Come in 4Friends

»Herein, herein! Schön, dass Du da bist. Die anderen drängeln schon in der Küche ...«

»Kommt doch vorbei, Freunde. Wir machen uns einen langen, lustigen Abend. Geht erst mal mit uns in die Küche, da gibt es einen leichten Drink für den Anfang. Nein, großen Aufwand treiben wir nicht. Wir kochen gern frisch und unkompliziert. Aber schmecken muss es natürlich und super aussehen. Schnelle leichte Gerichte sind immer angesagt. Eine kleine Pasta, etwas mit Lachs oder Geflügel, ein paar scharfe Dips. Einfach, was ihr wollt.« Nur Hunger und gute Laune müssen die Gäste mitbringen. Dann kann nichts schief gehen.

Forellenfilets mit Cranberries › Chips und scharfe Dips › Lachsrouladen in Pergament › Paprikasalat mit gratiniertem Ziegenkäse › Vitello tonnato auf Spinatsalat › Lasagnerollen › Wirsing-Kartoffel-Auflauf › Salatmix in Riesenmuscheln › Ratatouille-Pizza mit Basilikum › Zitronenhähnchen › Geschmortes Lamm › Spaghetti mit sizilianischer Sauce

Forellenfilets mit Cranberries

45 min

Cranberries: Die leuchtend roten Beeren, Verwandte der Preiselbeeren und der skandinavischen Moosbeeren, entfalten ihr volles fruchtiges Aroma erst beim Dünsten.

Zutaten für 4 Portionen

2 unbehandelte Orangen
4 Lachsforellenfilets (à 200 g)
Salz, Pfeffer aus der Mühle
2 EL MAZOLA Basilico
150 g Cranberries (frisch oder tiefgefroren)
1 Beutel KNORR Feinschmecker
Zitronen Butter Sauce
125 ml Schlagsahne

Pro Portion

2010 kJ/480 kcal
44 g Eiweiß, 26 g Fett
16 g Kohlenhydrate

1. 1 Orange waschen und in möglichst dünne Scheiben schneiden, die zweite Orange auspressen. Je 2 Forellenfilets aufeinander legen und nebeneinander in eine gefettete flache Auflaufform setzen. Die Filets salzen, mit Orangenscheiben belegen und pfeffern.
2. Orangensaft und Öl über den Fisch träufeln. Beeren waschen, abtropfen lassen und darüber verteilen.
3. Die Auflaufform mit Alufolie (säurefeste Sorte) abdecken. Im vorgeheizten Backofen bei 200 °C (Gas Stufe 3, Umluft 175 °C) etwa 20 Minuten garen.
4. Zitronen Butter Sauce in 1/4 Liter kaltes Wasser einrühren, unter Rühren aufkochen und 1 Minute kochen. Sahne steif schlagen, unterheben und sofort zum Fisch servieren.

Gut dazu: Basmatireis oder Wildreis mit weißem Reis gemischt.

Chips und scharfe Dips

1. Für den Schinken-Dip: Schinken klein schneiden und fein hacken. Salatkrönung® mit Quark, Crème fraîche, Schinken und Schnittlauchröllchen verrühren. Mit Pfeffer und evtl. Salz abschmecken.
2. Für den Tomaten-Dip: Tomato al Gusto 5 bis 10 Minuten im offenen Topf einkochen. Erkalten lassen. Chilischoten entkernen, waschen, in Streifen schneiden und dazugeben. Mit Salz und Pfeffer abschmecken.

Tipp: Die beiden Dips mit Tortilla-Chips in kleinen Schälchen anrichten.

Augen zu und durch: Kleine Chilischoten sind schärfer als große, rote Schoten schärfer als grüne und gelbe.

Zutaten für 4 Portionen
125 g Tortilla-Chips

Schinken-Dip:
2 Scheiben gekochter Schinken
1 Beutel KNORR Salatkrönung® »Paprika-Kräuter«
150 g Magerquark
2–3 EL Crème fraîche
2 EL Schnittlauchröllchen
weißer Pfeffer, evtl. Salz

Tomaten-Dip:
1 Packung KNORR Tomato al Gusto »Kräuter«
1–2 frische rote Chilischoten
Salz, Pfeffer

25 min

Pro Portion
1185 kJ/282 kcal, 12 g Eiweiß
16 g Fett, 21 g Kohlenhydrate

Lachsrouladen in Pergament

45 min

1. Spinat waschen, tropfnass in einen großen Topf geben und bei mittlerer Hitze zusammenfallen lassen. Spinat abtropfen lassen, fein hacken und mit Parmesan vermischen. Mit Salz und Pfeffer abschmecken.
2. Fischscheiben mit etwas Zitronensaft beträufeln, leicht salzen und jede Scheibe auf 1 Bogen Pergamentpapier legen. Auf jedes Filet etwa 2 Esslöffel Spinat geben und verstreichen. Die Filets mit Hilfe des Papiers zu Rouladen aufrollen, die Enden fest zusammendrehen.
3. In einem großen Topf Wasser zum Kochen bringen. Die Pergamentröllchen hineingeben und 8 bis 10 Minuten bei schwacher Hitze gar ziehen lassen.
4. Sauce Hollandaise in 1/4 Liter kaltes Wasser einrühren und unter Rühren langsam aufkochen. Butter in Stücke schneiden und bei schwacher Hitze darunter schlagen. Sauce mit Safran würzen.
5. Fischröllchen herausnehmen und das Papier entfernen. Die Lachsrouladen mit Safransauce servieren.

Gut dazu: Gelber Reis. Dazu etwas Safran in heißer Butter auflösen und unter den Reis mischen.

Einfach raffiniert: Parmesan im Spinat, Safran in der Sauce. Durch den Zitronensaft bleiben die Fischfiletscheiben fest in ihrer Struktur.

Pro Portion
2585 kJ/618 kcal, 41 g Eiweiß
48 g Fett, 5 g Kohlenhydrate

Zutaten für 6 Portionen
1 kg frischer Spinat
60 g Parmesan, frisch gerieben
Salz, schwarzer Pfeffer
12 dünne Scheiben Fischfilet
(ca. 1 kg; z. B. Lachs,
Lengfisch oder Seelachs)
1–2 EL Zitronensaft
12 Bögen Pergamentpapier
2 Beutel KNORR Feinschmecker
Sauce Hollandaise, 250 g Butter
2 Beutel Safran, gemahlen (à 10 g)

Paprikasalat mit gratiniertem Ziegenkäse

30 min

Zutaten für 4 Portionen
6 Paprikaschoten (gelb, grün und rot)
1 Beutel KNORR Salatkrönung®
»Basilikum-Kräuter«
2 EL Weißwein
3–4 EL MAZOLA Basilico
1/2 Bund Schnittlauch
4 kleine runde Ziegenkäse (à ca. 40 g)
3 EL Sesamsaat

Pro Portion
1275 kJ/305 kcal
13 g Eiweiß, 22 g Fett
11 g Kohlenhydrate

Heiß aufgetischt: Die kleinen Ziegenkäse werden zuerst in Sesam gewälzt und dann gratiniert.

1. Paprikaschoten halbieren, entkernen, waschen und eventuell die harte Haut mit einem Sparschäler abschälen. Paprika in feine Streifen schneiden.
2. Salatkrönung® mit Weißwein und 2 Esslöffel Basilico verrühren, über das Gemüse geben und gut mischen. Den Salat auf vier Teller verteilen und mit Schnittlauchhalmen garnieren.
3. Den Ziegenkäse in Sesamsaat wälzen und auf eine feuerfeste Platte legen. Unter den Grill schieben und in 6 bis 8 Minuten gratinieren. Der Käse sollte gerade zu zerlaufen beginnen.
4. Je 1 gratinierten Ziegenkäse auf den Paprikasalat legen, restliches Basilico darüber träufeln und sofort servieren.

Vitello tonnato auf Spinatsalat

1. Delikatessbrühe in 4 Esslöffel heißem Wasser auflösen und abkühlen lassen.
2. Thunfisch abtropfen lassen. Thunfisch, Brühe und Mayonnaise pürieren, mit Salz und Pfeffer abschmecken.
3. Spinat und Radicchio waschen und trocknen. Blätter in Stücke zupfen. Olivenöl, 2 Esslöffel Kapernsud, 4 Esslöffel Wasser und Salatkrönung® verrühren und mit den Salatblättern mischen.
4. Bratenaufschnitt mit dem Salat auf einer Platte anrichten, etwas Thunfischcreme auf den Braten geben. Restliche Thunfischcreme in ein Schälchen füllen und extra servieren. Kapern über den Aufschnitt streuen.

Gut geschichtet: Knackiger Salat, feiner Braten, würzige Sauce und säuerliche Kapern. Wer den Salat zusätzlich aufpeppen will, garniert mit gehacktem Ei.

Zutaten für 4 Portionen

1/2 TL KNORR Klare Delikatessbrühe
1 Dose Thunfisch im eigenen Saft (Abtropfgewicht 135 g)
4 EL Salatmayonnaise
Salz, weißer Pfeffer
200 g Spinat, 1 Radicchio
4 EL BERTOLLI Olivenöl extra vergine
1 kleines Glas Kapern
2 Beutel KNORR Salatkrönung® »Italienische Art«
300 g Bratenaufschnitt von Kalb oder Pute

20 min

Pro Portion

1530 kJ/366 kcal
30 g Eiweiß, 25 g Fett
4 g Kohlenhydrate

Lasagnerollen

1 h 10 min

1. Broccolistiele schälen, das Gemüse waschen und in kleine Röschen teilen. 2 Minuten in kochendes Salzwasser geben, abgießen und kalt abspülen. Broccoli abtropfen lassen und klein hacken.
2. Paprikaschote halbieren, entkernen, waschen und in kleine Würfel schneiden. Lasagneplatten in kochendem Wasser etwa 3 Minuten weich werden lassen und herausnehmen.
3. Das Gemüse mit Frischkäse vermischen, mit Salz, Pfeffer und Cayennepfeffer abschmecken. Je 1 Esslöffel davon auf die Lasagneplatten streichen.
4. Lasagneplatten aufrollen, jede Rolle halbieren und aufrecht in eine gefettete Auflaufform setzen.
5. Broccoli-Gratin in 1/2 Liter kaltes Wasser einrühren, unter Rühren aufkochen und 1 Minute kochen lassen. Sauce über die Lasagnerollen gießen. Mit Käse bestreuen und im vorgeheizten Backofen bei 200–225 °C (Gas Stufe 3–4, Umluft 175–200 °C) etwa 30 Minuten backen.

Hübsch in Form: Die Lasagneplatten werden kurz in kochendes Wasser gelegt, gefüllt, aufgerollt, halbiert und aufrecht in die Form gesetzt.

Zutaten für 4 Portionen

500 g frischer Broccoli, Salz
1 rote Paprikaschote
8 Lasagneplatten (ohne Vorkochen)
200 g Doppelrahm-Frischkäse, Pfeffer
1 Prise Cayennepfeffer
2 Beutel KNORR Fix für Broccoli-Gratin
50 g geriebener Emmentaler

Pro Portion

2100 kJ/503 kcal, 19 g Eiweiß
29 g Fett, 42 g Kohlenhydrate

Broccoli, auch Spargelkohl genannt, ist der nächste Verwandte des Blumenkohls. Er schmeckt jedoch würziger. Man verwendet sowohl die Stiele als auch die Röschen.

Wirsing-Kartoffel-Auflauf

1 h 15 min

»Was trinken wir? Weißwein, Bier oder Mineralwasser?« Ist alles da und passt prima zu dem deftigen Auflauf.

Zutaten für 4 Portionen

5–6 grüne Wirsingblätter
1 kg Kartoffeln
2 Beutel KNORR Fix für Kartoffel-Gratin
6 dünne Scheiben gekochter Schinken
100 g geriebener Emmentaler oder mittelalter Gouda

Pro Portion

1615 kJ/386 kcal
21 g Eiweiß, 17 g Fett
36 g Kohlenhydrate

1. Wirsingblätter waschen und in kochendem Wasser etwa 3 bis 4 Minuten kochen. Abgießen und kalt abspülen. Auf einem Küchentuch abtropfen lassen. Die dicken Blattadern flach schneiden.
2. Kartoffeln schälen, waschen und in dünne Scheiben schneiden. Kartoffel-Gratin in 600 Milliliter kaltes Wasser einrühren, Kartoffelscheiben zugeben, unter Rühren aufkochen und etwa 3 Minuten bei schwacher Hitze kochen lassen.
3. Eine flache Auflaufform fetten. 2 Wirsingblätter auf den Boden der Form legen. Darauf 2 Scheiben gekochten Schinken geben, dann eine dünne Schicht Kartoffelscheiben. Den Vorgang zweimal wiederholen, so dass am Schluss oben eine Schicht Kartoffelscheiben liegt.
4. Den Auflauf mit Käse bestreuen und im vorgeheizten Backofen bei 200 °C (Gas Stufe 3, Umluft 175 °C) etwa 35 Minuten goldbraun backen. Vor dem Aufschneiden 5 Minuten ruhen lassen.

Salatmix in Riesenmuscheln

1. Nudeln in kochendem Salzwasser bissfest garen und in ein Sieb gießen.
2. Möhre und Kohlrabi schälen und würfeln, mit den Erbsen in 2 Esslöffel Keimöl dünsten. 1/8 Liter Wasser und Gemüse-Kraftbouillon zugeben. 5 Minuten garen. Gemüse abtropfen lassen.
3. Salatmayonnaise und saure Sahne verrühren. Salzen und pfeffern. Das vorbereitete Gemüse unterheben.
4. Salatblätter putzen, waschen, trocknen und eine Servierplatte damit belegen. Gemüsesalat in die Muschelnudeln füllen und auf dem Salatbett anrichten.
5. Salatkrönung® mit je 3 Esslöffel Wasser und Keimöl verrühren und über die gefüllten Nudeln träufeln. Mit Kräuterblättchen garnieren.

Gut dazu: Baguette.

Lust auf Pasta? Hier werden die Nudeln blitzschnell zum pfiffigen Salat, der alle riesig anmacht.

Zutaten für 4 Portionen

250 g große Muschelnudeln, Salz
1 Möhre, 200 g Kohlrabi
150 g tiefgefrorene Erbsen
5 EL MAZOLA Keimöl
1/2 TL KNORR Gemüse-Kraftbouillon
150 g Salatmayonnaise
100 g saure Sahne, Pfeffer
200 g Blattsalate der Saison
1 Beutel KNORR Salatkrönung®
»Würzige Gartenkräuter«
Kräuter zum Garnieren, z. B. Kerbel

Pro Portion

3060 kJ/736 kcal, 14 g Eiweiß
51 g Fett, 56 g Kohlenhydrate

35 min

Ratatouille-Pizza mit Basilikum

1 h 30 min

1. Die Paprikaschoten halbieren, entkernen, waschen und in Stücke schneiden. Paprikastücke im heißen Olivenöl andünsten, 1/2 Liter Wasser dazugießen und Fix für Ratatouille einrühren. Unter Rühren aufkochen und etwa 10 Minuten im geschlossenen Topf bei schwacher Hitze garen, ab und zu umrühren. Abkühlen lassen.
2. Inhalt beider Beutel Pizza-Teig mit 1/4 Liter lauwarmem Wasser verkneten. Teig auf einem mit Backpapier ausgelegten Backblech ausrollen, dabei einen Rand formen. Ratatouille und Oliven auf dem Teig verteilen. Mozzarella in Scheiben schneiden und darüber geben.
3. Im vorgeheizten Backofen bei 200–225 °C (Gas Stufe 3–4, Umluft 175–200 °C) 20 bis 30 Minuten backen. Mit Basilikumblättchen bestreuen.

Tipp: Die Pizza zusätzlich mit hauchdünn geschnittenen Salamischeiben belegen.

Mozzarella, der milde italienische Frischkäse, ist perfekt, wenn er nach frischer Milch riecht, seidenglatt ist und keine Löcher hat.

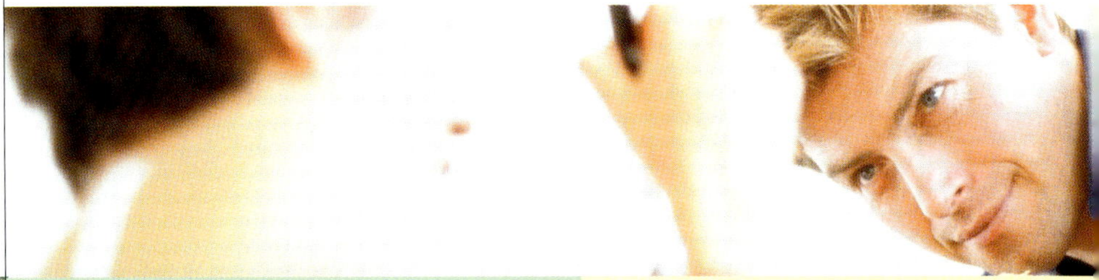

Zutaten für 1 Backblech

je 2 rote, gelbe, grüne Paprikaschoten (ca. 800 g)
2 EL BERTOLLI Olivenöl extra vergine
2 Beutel KNORR Fix für Ratatouille
1 Packung MONDAMIN Pizza-Teig
10 schwarze Oliven
250 g Mozzarella
1/2 Bund Basilikum

Pro Blech

14050 kJ/3368 kcal, 103 g Eiweiß
168 g Fett, 349 g Kohlenhydrate

Wer einen empfindlichen Magen hat und die harte Haut der Paprikaschoten nicht verträgt, sollte sie einfach mit einem Sparschäler entfernen.

Zitronenhähnchen

1. Das Hähnchen kalt abspülen, trocknen und in eine große Auflaufform legen. Kartoffeln schälen, waschen und um das Geflügel verteilen.
2. Fix für knuspriges Brathähnchen mit Olivenöl verrühren, das Hähnchen damit bestreichen und im vorgeheizten Backofen bei 200 °C (Gas Stufe 3, Umluft 175 °C) etwa 60 Minuten braten.
3. Wurzelansätze der Frühlingszwiebeln abschneiden. Die Zwiebeln waschen und schräg in Stücke schneiden. Die Zitronen waschen und achteln. Zwiebelstücke und Zitronenachtel etwa 25 Minuten vor Ende der Bratzeit in die Auflaufform zu Hähnchen und Kartoffeln geben; das Gemüse zwischendurch wenden.

Da steckt viel drin: Zitronen sind reich an Mineralstoffen und an Vitamin C.

Tipp: Zitronen geben dem Hähnchen und dem Gemüse während des Garens ein intensives Aroma. Vor dem Servieren die Zitronenachtel entfernen. Früchte mit dünner glatter Schale sind saftiger als die mit genarbter, dickerer Schale.

1 h 20 min

Zutaten für 3 Portionen
1 Hähnchen (ca. 1200 g)
500 g kleine Kartoffeln (vorwiegend fest kochende Sorte)
1 Beutel KNORR Fix für knuspriges Brathähnchen
5 EL BERTOLLI Olivenöl extra vergine
1 Bund Frühlingszwiebeln
2 unbehandelte Zitronen

Pro Portion
3350 kJ/803 kcal
64 g Eiweiß, 46 g Fett
31 g Kohlenhydrate

Geschmortes Lamm

Zutaten für 4 Portionen

4–6 Lammstelzen oder 4 Haxen
2 EL Thymian, gerebelt
Salz
weißer Pfeffer
6 EL BERTOLLI Olivenöl extra vergine
1/2 l KNORR Fleisch-Suppe
2 rote Zwiebeln
250 g Schalotten
2 unbehandelte Zitronen
4 Lorbeerblätter

Pro Portion

1925 kJ/463 kcal, 54 g Eiweiß
24 g Fett, 6 g Kohlenhydrate

2 h 45 min (ohne Wartezeit)

Genießen wie am Mittelmeer: Die Lammstelzen werden vor dem Garen mit Olivenöl, Thymian und Gewürzen bestrichen.

1. Haut und Sehnen vom Fleisch abschneiden. Thymian mit Salz, Pfeffer und Olivenöl verrühren. Das Fleisch damit rundum bestreichen. Mindestens 2 Stunden zum Einziehen stehen lassen.
2. Das Fleisch in eine große Auflaufform legen. Fleisch-Suppe dazugießen. Im vorgeheizten Backofen bei 180 °C (Gas Stufe 2–3, Umluft 165 °C) 2 1/2 Stunden schmoren. Zwischendurch mit der Brühe begießen.
3. Zwiebeln und Schalotten abziehen. Zwiebeln in Ringe schneiden. Zitronen und eventuell auch die Schalotten halbieren. Alles mit den Lorbeerblättern etwa 1 Stunde vor Ende der Garzeit zum Lammfleisch geben und mitgaren.

Gut dazu: Baguette oder Reis.

Spaghetti mit sizilianischer Sauce

1. Spaghetti in reichlich Salzwasser in 9 bis 12 Minuten bissfest garen.
2. Paprikaschoten halbieren und entkernen. Stielansatz der Aubergine abschneiden. Beide Gemüse waschen und in Würfel schneiden. Gemüsewürfel in heißem Öl anbraten.
3. 500 Milliliter Wasser zum Gemüse geben und den Inhalt beider Beutel Fix für Spaghetti Napoli einrühren. Unter Rühren aufkochen. Oliven, 1 Esslöffel Kapern und nach Belieben gehackte Sardellen zugeben. Bei schwacher Hitze etwa 5 Minuten dünsten, mit Salz und Pfeffer abschmecken.
4. Spaghetti in ein Sieb gießen und mit der Sauce anrichten. Mit Parmesankäse bestreuen.

20 min

Damit die Nudeln nicht zusammenkleben, einen Schuss Öl ins Kochwasser geben oder nach dem Kochen etwas flüssige Butter unterrühren.

Pro Portion
1859 kJ/445 kcal, 16 g Eiweiß
13 g Fett, 67 g Kohlenhydrate

Zutaten für 6 Portionen
500 g Spaghetti
Salz
1 grüne Paprikaschote
2 gelbe Paprikaschoten
1 kleine Aubergine
2–3 EL MAZOLA Basilico
2 Beutel KNORR Fix für Spaghetti Napoli
10 schwarze Oliven
1 kleines Glas Kapern
evtl. 2 Sardellenfilets
weißer Pfeffer
2 EL geriebener Parmesan

5 Cooking Easy

»Hm, heute gibt's vielleicht ein scharfes Chili oder doch lieber 'ne schnelle Nudel?« Easy cooking garantiert.

Wenn es tagsüber heiß hergeht und die Zeit kaum für einen Snack aus der Hand reicht, will man wenigstens abends genüsslich tafeln. Einfach abschalten und genießen. Bei einem relaxten Essen lassen sich Punkte gegen den Alltagsstress sammeln. Power-Food aus der eigenen Küche wirkt am besten. Knackige Salate, sanfte Nudeln, Scharfes mit Chili, bunte Gemüse oder Vegetarisches. Weil unsere Zunge ein sensibles Organ ist, sollte man ihr täglich etwas Gutes bieten. Also ab an den Herd. Schnell kochen und endlos genießen. Das Ergebnis: Lebenslust pur.

Kichererbsen-Salat mit Sesam-Chili-Dressing › Blumenkohl-Broccoli-Curry mit Bambus › Hühner-Gemüsetopf mit Shiitake-Pilzen › Scharfes Chili ohne Fleisch › Tortellini auf Tomatensauce › Geflügelfrikadellen mit körniger Senfsauce › Zwiebelpfannkuchen mit Gemüsefüllung › Kartoffelsuppe mit Kalbsklößchen › Spaghetti mit Lachsklößchen › Puten-Broccoli-Ragout › Pasta primavera › Chicorée mit Matjestatar › Feldsalat mit Pfifferlingen

Kichererbsen-Salat mit Sesam-Chili-Dressing

15 min

»Schon fertig! Und sieht der Salat nicht wirklich super aus?« Ein Hit ist auch das Sesam-Chili-Dressing.

Zutaten für 4 Portionen

1 Dose Kichererbsen (Abtropfgewicht 240 g)
100 g Zuckerschoten, Salz
50 g Brunnen- oder Gartenkresse
2 EL Sesamsaat, 1–2 rote Chilischoten
1 Beutel KNORR Salatkrönung® »Paprika-Kräuter«
3 EL MAZOLA Keimöl oder Sesamöl
1–2 EL helle Sojasauce

Pro Portion

840 kJ/201 kcal
7 g Eiweiß, 12 g Fett
15 g Kohlenhydrate

1. Kichererbsen in ein Sieb gießen und unter kaltem Wasser abspülen. Zuckerschoten putzen und waschen. Die Schoten für 1 Minute in kochendes Salzwasser geben, in einem Sieb abgießen und kalt abspülen. Kresse waschen, trocknen und die Blättchen abzupfen. Alles in eine Schüssel geben.
2. Sesam in einer Pfanne ohne Fett unter Rühren anrösten. Chilischoten aufschlitzen, entkernen und in dünne Scheiben schneiden.
3. Salatkrönung® mit 3 Esslöffel Wasser, Öl und der Sojasauce verrühren. Sesam und Chilischoten unterrühren. Salatzutaten mit der Salatsauce mischen.

Tipp: Kichererbsen sind Hülsenfrüchte, etwas mehlig und leicht nussig im Geschmack. Es gibt sie in der Regel getrocknet oder in Dosen.

Blumenkohl-Broccoli-Curry mit Bambus

1. Blumenkohl und Broccoli waschen und in kleine Röschen teilen. Stiele falls nötig schälen und in Scheiben schneiden. Das Gemüse im heißen Keimöl andünsten.
2. Bambusschösslinge abtropfen lassen, die Möhre schälen. Paprikaschote halbieren, entkernen und waschen. Alles in Streifen schneiden.
3. Gemüsestreifen und 100 Milliliter Wasser zu Blumenkohl und Broccoli geben. Bei schwacher Hitze dünsten, bis die Flüssigkeit verdampft ist.
4. 1/2 Liter kaltes Wasser dazugeben. Curry Sauce einrühren, aufkochen und bei schwacher Hitze 10 Minuten kochen. Mit Crème fraîche, Zucker, Salz und Pfeffer abschmecken, mit gerösteten Mandelblättchen bestreuen.

Gut dazu: Reis, z. B. Basmatireis.

»Hilfe, Abwasch!« Das ist alles noch von gestern. Für das Blumenkohl-Broccoli-Curry benötigt man nur einen Topf.

Zutaten für 4 Portionen

250 g Blumenkohl, 250 g Broccoli
2 EL MAZOLA Keimöl
1 kleine Dose Bambusschösslinge (ca. 80 g Abtropfgewicht)
1 Möhre, 1 rote Paprikaschote
2 Beutel KNORR Feinschmecker Curry Sauce
2 EL Crème fraîche
1 TL Zucker
Salz, weißer Pfeffer
2 EL Mandelblättchen

30 min

Pro Portion

990 kJ/237 kcal, 7 g Eiweiß
15 g Fett, 18 g Kohlenhydrate

Hühner-Gemüsetopf mit Shiitake-Pilzen

30 min

1. Hähnchenbrustfilets mit kaltem Wasser abspülen, trocknen und in feine Streifen schneiden. Chilischote aufschlitzen und entkernen. Zusammen mit den Fleischstreifen in 1 Liter Wasser 10 Minuten garen.
2. Gemüse waschen, putzen und in Streifen schneiden. Pilze putzen und klein schneiden. Gemüse und Pilze zum Fleisch geben und 2 Minuten mitgaren.
3. Chilischote herausnehmen. Hühnersuppe mit Nudeln einrühren, aufkochen und 4 Minuten kochen.
4. Hühner-Gemüsetopf mit Sojasauce und Essig würzen. Mit Zucker, Salz und Pfeffer abschmecken, mit Kräuterblättchen bestreuen.

Zum Gemüseschälen ideal: der einfache Allzweckschäler. Am besten schneiden die mit nicht rostfreier Pendelklinge.

Tipp: Shiitake-Pilze gibt es auch getrocknet. 10 g Trockenpilze entsprechen etwa 100 g frischen Pilzen. Die Pilze gründlich waschen und in reichlich Wasser 1–2 Stunden einweichen. Dann wie frische Pilze weiterverarbeiten.

Zutaten für 4 Portionen

300 g Hähnchenbrustfilets
1 rote Chilischote
250 g gemischtes Gemüse,
(z. B. Möhren, Lauch, Zucchini)
100 g frische Shiitake-Pilze
1 Beutel KNORR Suppenliebe
Hühnersuppe mit Nudeln
3–4 TL Sojasauce
1–2 TL Reisessig
Zucker
Salz
Pfeffer
Koriander- oder Petersilienblättchen

Pro Portion

783 kJ/186 kcal, 22 g Eiweiß
2 g Fett, 21 g Kohlenhydrate

百年好合
百年好合

Scharfes Chili ohne Fleisch

30 min

Zutaten für 3 Portionen

1 rote Paprikaschote
1 grüne Paprikaschote
1/2 Bund Frühlingszwiebeln
1 Dose Kidneybohnen
(Abtropfgewicht 240 g)
2 EL BERTOLLI Olivenöl extra vergine
1 Beutel KNORR Fix
für Ratatouille
1 TL Chilipulver
1 Stück frischer Rettich
oder 1 Bund Radieschen
1/2 Bund Petersilie

Darauf ist jeder scharf: Chili mit Paprikaschoten und Frühlingszwiebeln – ohne Fleisch.

Pro Portion

770 kJ/185 kcal, 8 g Eiweiß
8 g Fett, 19 g Kohlenhydrate

1. Paprikaschoten halbieren, entkernen, waschen und in Stücke schneiden. Wurzelansätze und unansehnliche Stellen der Frühlingszwiebeln abschneiden. Zwiebeln waschen und in Stücke schneiden. Bohnen abtropfen lassen.
2. Paprikastücke und Frühlingszwiebeln im heißen Olivenöl andünsten, 1/4 Liter kaltes Wasser dazugießen und Fix für Ratatouille einrühren. Unter Rühren aufkochen und im geschlossenen Topf bei schwacher Hitze ca. 5 Minuten garen.
3. Bohnen zum Gemüse geben. Weitere 5 Minuten kochen lassen. Mit Chilipulver abschmecken.
4. Rettich schälen, raspeln und mit gehackter Petersilie vermischen. Zum Chili servieren.

Tortellini auf Tomatensauce

1. Tortellini in Salzwasser bissfest garen. Speck würfeln, Zwiebel abziehen und würfeln. Knoblauchzehen abziehen und durch die Presse drücken. Chilischote halbieren, entkernen und in feine Streifen schneiden.
2. Speck- und Zwiebelwürfel im heißen Olivenöl anbraten. Knoblauch und Chilischote zufügen und kurz mitdünsten. 1/4 Liter kaltes Wasser dazugießen. Sauce Napoli einrühren, unter Rühren aufkochen und 1 Minute kochen.
3. Basilikum in Streifen schneiden. Tortellini in ein Sieb gießen und mit der Sauce auf Tellern verteilen. Basilikum und gehobelten Käse darüber streuen.

Klassisch gut ist die Pasta auf Tomatensauce – da kann es schnell passieren, dass hier zwei für drei essen.

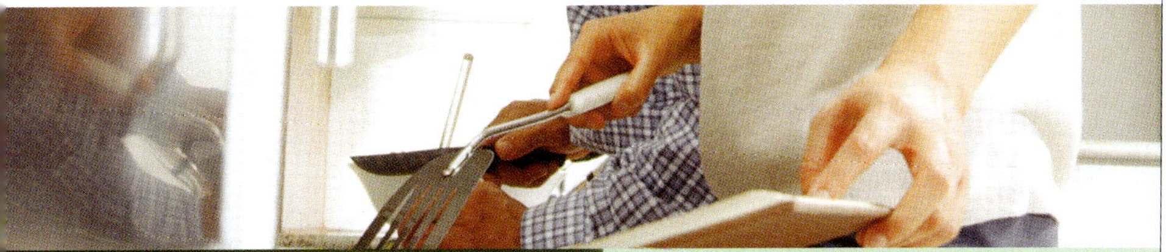

Zutaten für 3 Portionen

250 g Tortellini
Salz
100 g durchwachsener Speck
1 Zwiebel
2 Knoblauchzehen
1/2–1 rote Chilischote
1–2 EL BERTOLLI Olivenöl extra vergine
1 Beutel KNORR Spaghetteria®
Sauce Napoli
1/2 Bund Basilikum
50 g Pecorino oder Parmesan

25 min

Pro Portion

2970 kJ/706 kcal, 23 g Eiweiß
40 g Fett, 63 g Kohlenhydrate

Geflügelfrikadellen mit körniger Senfsauce

⌚ 35 min

1. Hähnchenfleisch würfeln und portionsweise im Blitzhacker zerkleinern. Fix für Hackbraten in 1/8 Liter lauwarmes Wasser einrühren. Hähnchenfleisch, Frischkäse und Zitronenschale dazugeben und gut vermischen.
2. 8 Frikadellen formen und im heißen Keimöl von jeder Seite etwa 5 Minuten braten. Frikadellen herausnehmen und warm stellen.
3. Schalotten abziehen, klein schneiden und im restlichen heißen Bratfett glasig dünsten. Mit Hühner-Kraftbouillon und Sahne ablöschen.
4. Sauce mit Fix-Soßenbinder binden. Senf unterrühren und die Soße mit Salz, Pfeffer und Zitronensaft abschmecken.

Gut dazu: Gedünstete Kohlrabischeiben und Möhren.

Senfweisheiten: Gelbe Senfkörner sind milder als schwarze. Für die vielen Geschmacksrichtungen beim Senf wird kräftig gemischt.

Zutaten für 4 Portionen

400 g Hähnchenbrustfilets
1 Beutel KNORR Fix für Hackbraten
100 g Doppelrahm-Frischkäse
1/2 TL abgeriebene Zitronenschale
2–3 EL MAZOLA Keimöl
3–4 Schalotten
oder kleine Zwiebeln
150 ml KNORR Hühner-Kraftbouillon
150 ml Schlagsahne
1–2 TL MONDAMIN Fix-Soßenbinder, hell
2–3 TL scharfer körniger Senf
Salz
weißer Pfeffer
Zitronensaft

Pro Portion
1865 kJ/447 kcal, 31 g Eiweiß
28 g Fett, 18 g Kohlenhydrate

Zwiebelpfannkuchen mit Gemüsefüllung

1 h 20 min

Gut kombiniert: Die Zutaten für den Pfannkuchen kommen aus dem Vorrat, die Füllung frisch vom Markt.

Zutaten für 4 Portionen

1 Beutel KNORR Feinschmecker Zwiebelsuppe
2 Eier, 200 ml Milch
150 g Mehl, 4–5 EL MAZOLA Keimöl
600 g frischer Spinat
400 g Kirschtomaten (rot und gelb)
2 Zwiebeln, 1–2 Knoblauchzehen
Muskat, Salz, weißer Pfeffer
150 g Crème fraîche

Pro Portion

2095 kJ/502 kcal, 16 g Eiweiß
30 g Fett, 40 g Kohlenhydrate

1. Beutelinhalt Zwiebelsuppe und Eier verrühren. Milch, Mehl und 200 Milliliter Wasser zufügen und glatt rühren. Den Teig etwa 25 Minuten quellen lassen. In 2 bis 3 Esslöffel heißem Keimöl 8 Pfannkuchen backen.
2. Spinat waschen, tropfnass in einen großen Topf geben, Deckel auflegen und die Blätter bei mittlerer Hitze zusammenfallen lassen. Spinat abtropfen lassen. Tomaten waschen und halbieren. Zwiebeln und Knoblauchzehen abziehen und fein würfeln.
3. 2 Esslöffel Keimöl erhitzen, Zwiebelwürfel darin glasig dünsten. Knoblauch und Tomaten zufügen und kurz mit andünsten. Spinat untermischen. Mit Muskat und Pfeffer abschmecken.
4. Die Hälfte der Pfannkuchen mit dem Gemüse füllen. Je 1 gefüllten und 1 ungefüllten Pfannkuchen mit 1 Klecks Crème fraîche auf Tellern anrichten. Crème fraîche mit Muskat bestäuben.

Kartoffelsuppe mit Kalbsklößchen

1. 1/2 Liter Wasser aufkochen. Die Bratwurst als Klößchen aus dem Darm drücken und in das leicht kochende Wasser gleiten lassen. Kalbsklößchen 3 Minuten bei schwacher Hitze garen.
2. Den Beutelinhalt Kartoffelsuppe in 1/4 Liter kaltes Wasser einrühren, zu den Klößchen gießen, unter Rühren aufkochen und weitere 5 Minuten garen. Crème fraîche zugeben und unterrühren.
3. Die Möhre schälen und grob raspeln. Petersilie waschen, trocknen und hacken.
4. Tiefe Teller mit Petersilie und Möhrenraspeln bestreuen und die Kartoffelsuppe mit den Kalbsklößchen einfüllen.

Tipp: Noch schneller gelingt die Suppe, wenn man bereits fertige Fleischklößchen aus der Tiefkühltruhe wählt.

Zutaten für 4 Portionen

200 g ungebrühte Kalbsbratwurst
1 Beutel KNORR Feinschmecker Kartoffelsuppe mit Räucherspeck
100 g Crème fraîche
1 große Möhre
1/2 Bund Petersilie

Pro Portion

1005 kJ/239 kcal, 13 g Eiweiß
16 g Fett, 12 g Kohlenhydrate

Petersilie nicht mitkochen, sondern immer erst zum Schluss dem Gericht zugeben.

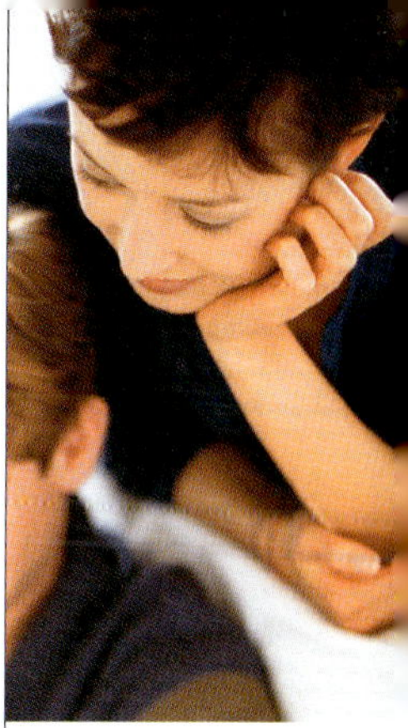

Im Trend: Suppen. Gefragt ist aber nicht die klassische Vorsuppe, sondern kreative Suppenrezepte für die schnelle Mahlzeit.

25 min

Spaghetti mit Lachsklößchen

40 min

1. Brot entrinden und würfeln. Lachs ebenfalls in Würfel schneiden. Lachs- und Brotwürfel, Ei, Kräuterlinge® und Zitronensaft im Blitzhacker pürieren. Mit zwei kleinen Löffeln etwa 20 Klößchen abstechen.
2. Spaghetti in Salzwasser mit 1 Esslöffel Olivenöl bissfest garen.
3. Spinat putzen, waschen. Knoblauch abziehen, in dünne Scheiben schneiden und im restlichen Olivenöl andünsten. Spinat tropfnass zugeben. Im geschlossenen Topf zusammenfallen lassen. Mit Salz und Pfeffer würzen.
4. 200 Milliliter kaltes Wasser zugießen. Kräuter Käse Sauce einrühren, mit dem Spinat mischen und aufkochen. Lachsklößchen darauf setzen.
5. Zugedeckt 5 bis 7 Minuten garen; den Topf ab und zu kräftig rütteln, damit nichts ansetzt. Mit den Spaghetti anrichten.

Populär und gesund: Spinat. Das delikate Blattgemüse liefert alle Mineralstoffe und enthält viele Vitamine, zum Beispiel Beta-Carotin sowie Vitamin C und E.

Zutaten für 3 Portionen

1 Scheibe Toastbrot
250 g Lachsfilet, 1 Ei
1–2 TL KNORR Kräuterlinge® »Gartenkräuter«
1 EL Zitronensaft
200 g Spaghetti, Salz
3 EL BERTOLLI Olivenöl extra vergine
500 g frischer Spinat
1 Knoblauchzehe
weißer Pfeffer
1 Beutel KNORR Feinschmecker Kräuter Käse Sauce

Pro Portion

2600 kJ/623 kcal
33 g Eiweiß, 29 g Fett
56 g Kohlenhydrate

Alles Natur: Allein durch das rosarote Lachsfleisch bekommen die zarten Fischklößchen ihre hinreißende Bonbonfarbe.

Puten-Broccoli-Ragout

35 min

Zutaten für 3 Portionen
100 g kleine Champignons
250 g Broccoli
Salz
50 g durchwachsener Speck
200 g Putenschnitzel
2 EL MAZOLA Keimöl
weißer Pfeffer
1 Beutel KNORR Fix für Geschnetzeltes »Züricher Art«

Pro Portion
1555 kJ/374 kcal
21 g Eiweiß, 29 g Fett
8 g Kohlenhydrate

Eine Sache der Optik: braune oder weiße Champignons.

1. Pilze putzen. Broccoli waschen, in Röschen teilen, in kochendem Salzwasser 2 Minuten kochen, abgießen und kalt abspülen. Den Speck fein würfeln.
2. Putenfleisch in Würfel schneiden und zusammen mit den Speckwürfeln im heißen Keimöl braten. Salzen und pfeffern. Champignons zugeben und kurz mitdünsten.
3. 1/4 Liter kaltes Wasser zum Fleisch gießen, Geschnetzeltes »Züricher Art« einrühren, unter Rühren aufkochen und 5 Minuten kochen lassen.
4. Broccoli dazugeben und erwärmen.

Gut dazu: Wildreis und weißer Reis gemischt.

Champignons: Beim Einkaufen pralle, geschlossene Köpfe bevorzugen. Geöffnete Hüte sind ein Zeichen dafür, dass die Pilze alt sind oder bereits längere Zeit gelagert wurden.

Pasta primavera

1. Bandnudeln in Salzwasser bissfest kochen. Erbsen auftauen. Stiel- und Blütenansatz der Zucchini abschneiden. Broccoli und Zucchini waschen und klein schneiden.
2. Das Gemüse in heißem Keimöl 5 Minuten dünsten. Mit Salz und Pfeffer abschmecken.
3. 1/4 Liter Wasser zum Gemüse gießen, Spaghetteria® Sauce Quattro Formaggi einrühren, unter Rühren aufkochen und bei schwacher Hitze 1 Minute kochen. Ab und zu umrühren.
4. Nudeln in ein Sieb gießen und mit der Gemüse-Käse-Sauce mischen.

Zutaten für 2 Portionen

200 g Bandnudeln
Salz
100 g tiefgefrorene Erbsen
1 kleine Zucchini
150 g Broccoli
2 EL MAZOLA Keimöl
weißer Pfeffer
1 Beutel KNORR Spaghetteria®
Sauce Quattro Formaggi

Pro Portion

2690 kJ/645 kcal
22 g Eiweiß, 23 g Fett
85 g Kohlenhydrate

»Sag ich doch!«
Bandnudeln nehmen Sauce besonders gut auf. Sie müssen nach dem Kochen nicht abgeschreckt werden.

25 min

Chicorée mit Matjestatar

15 min

Bleichgesichter: Chicorée wächst in völliger Dunkelheit aus der Zichorienwurzel heran. Beste Sprossen sind weiß mit hellgelben Blattspitzen.

Zutaten für 3 Portionen

1–2 Stauden Chicorée
150 g Matjesfilet
1 roter Apfel
1 kleine Zwiebel
1 Becher KNORR Salatkrönung®
Joghurt-Dressing »Dill-Petersilie«
1–2 EL kleine Kapern (aus dem Glas)
1 Zweig Dill

Pro Portion

1045 kJ/249 kcal
12 g Eiweiß, 16 g Fett
13 g Kohlenhydrate

1. Chicorée waschen, Stielansatz abschneiden und die Blätter ablösen.
2. Matjesfilet unter kaltem Wasser abspülen, trocknen und in sehr kleine Würfel schneiden. Apfel waschen, halbieren, entkernen und mit der Schale in sehr kleine Würfel schneiden. Zwiebel abziehen und fein würfeln.
3. Salatkrönung® in eine Schüssel geben. Alle Zutaten mit der Salatsauce mischen. Matjestatar in die Chicoréeblätter füllen und mit Dillsträußchen garnieren.

Tipp: Wer Chicorée mit anderen Fischsalaten servieren möchte, kann das Rezept mit zerpflücktem Thunfisch aus der Dose oder mit Räucherlachs zubereiten. Statt des Apfels eingelegten Sellerie aus dem Glas nehmen.

Feldsalat mit Pfifferlingen

1. Pfifferlinge auf Papier ausbreiten. Unansehnliche Teile abschneiden, mit Pinsel oder Bürste locker anhaftenden Schmutz entfernen. Nur schmutzige Exemplare kurz kalt abspülen.
2. Feldsalat verlesen, waschen und abtropfen lassen.
3. Butter in einer Pfanne erhitzen. Pilze darin anbraten, mit Salz und Pfeffer abschmecken.
4. Salatkrönung® in eine kleine Schüssel geben. Mit 3 Esslöffel Wasser und Keimöl verrühren.
5. Den Salat auf Tellern anrichten. Pilze darüber verteilen und mit Salatsauce begießen. Den Salat lauwarm servieren.

Frisch und fruchtig: Statt mit Wasser kann man das Dressing auch mit Apfelwein oder Apfelsaft anrühren. Es schmeckt dann besonders fruchtig.

Zutaten für 2 Portionen

150 g frische Pfifferlinge
100 g Feldsalat
1 EL Butter
Salz
Pfeffer aus der Mühle
1 Beutel KNORR Salatkrönung®
»Würzige Gartenkräuter«
3 EL MAZOLA Keimöl

30 min

Pro Portion

825 kJ/199 kcal
2 g Eiweiß, 20 g Fett
3 g Kohlenhydrate

Rezept Register

»... und morgen essen wir zuerst einen Fitness-Salat und danach das Hähnchen mit Chinakohl.«

Über dieses Buch

Hinweis

Das vorliegende Buch ist sorgfältig erarbeitet worden. Dennoch erfolgen alle Angaben ohne Gewähr. Für eventuelle Nachteile oder Schäden, die aus den im Buch gemachten praktischen Hinweisen resultieren, kann der Verlag keine Haftung übernehmen.

Impressum

2. Auflage 2004

Konzept und Text
Bookie Editing, Hamburg/Irsee

Rezepte
Unilever Bestfoods Deutschland GmbH

Schlussredaktion
Karin Schanzenbach

Projektleitung
Susanne Kirstein

Umschlaggestaltung
Reinhard Soll

Layout
Büro N2, Andreas Lange

DTP und Lithografie
Grizeto Produktionsverlag, Irsee

Produktion
Angelika Kerscher, Gabriele Kutscha

Druck und Bindung
Weber Offset, München

Printed in Germany
Gedruckt auf chlor- und säurearmem Papier

ISBN 3-517-06713-x

Bildnachweis

Alle Rezeptfotos stammen von der Unilever Bestfoods Deutschland GmbH.
Außerdem von gettyone Stone, München
(3, 26, 29, 49, 61, 65, 66, 86, 95);
Ulrike Holsten, Hamburg
(10, 43, 47, 50, 57, 94, 95);
Jean-Blaise Hall/PhotoAlto
(8, 28, 32, 33, 37, 42, 46, 51, 69, 75, 82, 92);
John Dowland/PhotoAlto
(4, 5, 8, 11, 13, 16, 20, 25, 34, 36, 58, 68, 70, 75, 76, 78, 79, 80, 85, 87, 93, 95).